Martin Buchsteiner, Jan Scheller, Martin Nitsche

Geschichtsstundenplanung

Theorie und Praxis

WOCHEN
SCHAU
GESCHICHTE

Bibliografische Information der Deutschen Nationalbibliothek

Die Deutsche Nationalbibliothek verzeichnet diese Publikation in der Deutschen Nationalbibliografie; detaillierte bibliografische Daten sind im Internet unter http://dnb.d-nb.de abrufbar.

www.wochenschau-verlag.de

Umschlaggestaltung: Ohl Design
Umschlagbild: Olga Pogorelova, adobe stock
Gedruckt auf chlorfrei gebleichtem Papier
Gesamtherstellung: Wochenschau Verlag
ISBN 978-3-7344-1499-2 (Buch)
E-Book ISBN 978-3-7344-1500-5 (PDF)
DOI https://doi.org/10.46499/1719

Inhalt

1. Einleitung

Ziel des Buches

Unterrichtsplanung ist eine Kernaufgabe von Lehrpersonen. In unterschiedlicher Ausprägung und Intensität bestimmt sie den Alltag von Lehramtsstudierenden, Referendar*innen und Lehrer*innen. Trotzdem ist zu Geschichtsstundenplanung bislang nicht umfangreich empirisch geforscht worden. So legte Litten (2017) die bislang einzige Studie vor, in welcher das Planungshandeln von Geschichtslehrpersonen untersucht wurde. Resch (2018) analysierte das Formulieren von Aufgaben als fachdidaktische Kompetenz von angehenden Geschichtslehrpersonen. Wolf (2021) konzipierte schließlich geschichtsdidaktisches Planungswissen und nahm in den Blick, wie sich dieses bei angehenden Geschichtslehrpersonen entwickelt.

In jüngster Zeit sind außerdem unterrichtspragmatische Monografien entstanden, in denen die Planung von Geschichtsunterricht thematisiert wurde. Peters (2014) und Rauh (2018) zeigten zum Beispiel auf, wie kompetenzorientierter Geschichtsunterricht geplant werden könnte. Oswalt (2016) illustrierte die Planung von Unterrichtsreihen anhand von geschichtsspezifischen Fragetypen. Weiterhin behandelten Bongertmann u.a. (2017) Geschichtsunterrichtsplanung im Kontext der zweiten Ausbildungsphase. Barsch (2020) legte schließlich eine Veröffentlichung zur Planung inklusiven Geschichtsunterrichts vor. Zusammenfassend zeichnen sich erste Umrisse, aber noch keine umfassenden Erkenntnisse dazu ab, wie ein Modell der Geschichtsstundenplanung aussehen könnte, wie Lehrpersonen Geschichtsstunden planen und wie sie bei der Planung unterstützt werden können.

Vor diesem Hintergrund ist es uns (noch) nicht möglich, eine allgemeingültige Theorie der Geschichtsstundenplanung vorzulegen. Stattdessen lassen sich die folgenden Überlegungen als Theorie mittlerer Reichweite auffassen (Merton 2012), in der wir auf der Grundlage der vorliegenden Literatur einen theoretischen Rahmen und praktische Beispiele als Hilfestellung zur Planung von konkreten Geschichtsstunden anbieten möchten. Dabei verfolgen wir das Ziel, Geschichtsstundenplanung als einen Zusammenhang von Planungstätigkeiten zu beschreiben und für diese begründbare Planungsoptionen aufzuzeigen. Deshalb werden im nachfolgenden Abschnitt der Einleitung die Tätigkeiten der Geschichtsstundenplanung hergeleitet, die aus unserer Sicht relevant und in den einzelnen Kapiteln ausführlich dargestellt sind. Allerdings geht es uns nicht um die Setzung einer standardisierten Schrittfolge der Geschichtsstundenplanung, da es vielfältige Wege geben dürfte, um guten Geschichtsunterricht zu planen. Zudem erschiene es uns unseriös, ein spezifisches Vorgehen des Planens vom Schreibtisch aus festzulegen, da dieses in der Praxis immer von vielfältigen Kontextbedingungen geprägt ist. Wir hoffen stattdessen, dass es uns im vorliegenden Buch gelungen ist, eine Einführung in die geschichtsdidaktische Literatur zur Geschichtsstundenplanung und eine begründete Orientierungshilfe für Studierende, Referendar*innen und Lehrpersonen anzubieten.

Definition und Konzeption von Unterrichtsplanung

Wir legen zunächst dar, was wir unter dem Begriff Unterrichtsplanung verstehen, bevor eine Übertragung auf die Geschichtsstundenplanung erfolgt. Unterrichtsplanung lässt sich als Bestandteil eines didaktischen Tätigkeitsprozesses begreifen (Standop/Jürgens 2015), der in Abbildung 1 dargestellt ist. Ziel der Planung ist es dabei, „am Unterricht beteiligte Faktoren zu kennen und zu berücksichtigen", um die Unterrichtsdurchführung vom „Ausgeliefertsein an reine Zufälligkeit zu befreien" (ebd., 41). In scheinbarem Widerspruch dazu steht, dass Unterricht als soziale Interaktion nicht vollständig plan- und steuerbar ist. So wird die Unterrichtsdurchführung von zahlreichen unvorhergesehenen Momenten beeinflusst, die sich z.B. durch Äußerungen einzelner Schüler*innen, deren Verhalten oder das Umgebungsgeschehen ergeben, und nicht allein von den rationalen Entscheidungen der Planenden abhängig sind (ebd.). Vermutlich wird jede Lehrperson bereits die Erfahrung gemacht haben, dass eine identisch geplante Stunde in zwei Parallelklassen unterschiedlich verlaufen ist. Dennoch bietet die Planung Sicherheit, da das Durchdenken und begründete Abwägen von Planungsoptionen die Fähigkeit stärken, während des Unterrichts flexibel zu agieren (Glöckel 1977; Pauli/Reusser 2003). Unterrichtsplanung sorgt somit für einen Gewinn an Professionalität.

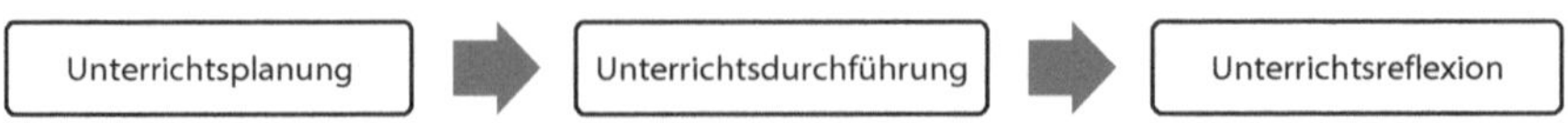

Abb. 1: Unterrichtsplanung innerhalb des didaktischen Tätigkeitsprozesses, orientiert an Standop/Jürgens 2015

Professionalität zeigt sich unter anderem anhand der begründeten Auswahl von

Lehr-Lern-Inhalten, Entscheidungen für didaktische und methodische Strukturierungen und der darauf aufbauenden Ausgestaltung des Unterrichts (Standop/Jürgens 2015). Aus unserer Sicht stellt das Identifizieren einzelner Ebenen der Unterrichtsplanung sowie die Kenntnis der darauf bezogenen Planungstätigkeiten und diesbezüglichen Tätigkeitsoptionen eine Voraussetzung für professionelles Unterrichten im Fach Geschichte dar.

Ebenen und Tätigkeiten bei der Planung von Geschichtsstunden

Zur Strukturierung der Planung bietet sich eine Orientierung an den Ebenen der Planung an, die in der Literatur ausgewiesen werden (z.B. Jank/Meyer 2011; Standop/Jürgens 2015; Gautschi 2015). Hierbei ist jedoch zu berücksichtigen, dass sich die Planungsebenen gegenseitig bedingen und weder in eine zeitliche noch hierarchische Ordnung bringen lassen.

Jank/Meyer 2011	Standop/Jürgens 2015	Gautschi 2015
Was? (Inhalte)	thematische und inhaltliche Analyse	Lerninhalte
Wie? (Methoden, Sozialformen, Medien usw.)	methodische Analyse, Strukturierung, Zugangs- und Darstellungsmöglichkeiten, Medienwahl	Inszenierungen
Wozu? (Ziele)	Intentionen, Kompetenzen, Ziele	Lernziele
Warum? (Gründe)		Begründungen
Wem? (Adressaten)	Bedingungsanalyse	Bedingungen

Tab. 1: Ebenen der Unterrichtsplanung ausgewählter Planungsmodelle

Anhand der Modelle, die in Tabelle 1 gegenübergestellt sind, lassen sich vier zentrale Ebenen der Stundenplanung identifizieren, die wir hier entsprechend der Gliederung des Buches auflisten:

- Bedingungsebene (Ausgangslage der Lerngruppe, zeitliche und räumliche Bedingungen)
- Sachebene (historischer Sachverhalt)
- Didaktische Ebene (Ziele, Stundenfrage, Phasierung, Aufgaben, Medien)
- Methodische Ebene (Lehr-Lern-Verfahren, Aktions- und Sozialformen)

Die Planung von Geschichtsstunden ist eine interdisziplinäre Tätigkeit. Zum einen muss dafür auf Erkenntnisse der Allgemeindidaktik, der Bildungswissenschaften und der Lernpsychologie zurückgegriffen werden. Dies bezieht sich nicht nur auf Möglichkeiten der Phasierung und Inszenierung von Unterricht als Lehr-Lern-Situation, sondern berührt ebenfalls einzelne Aspekte etwa auf der Bedingungsebene, wenn z.B. subjektive Lernausgangslagen herangezogen werden, um sich für Aufgaben und Medien zu entscheiden (u.a. Rheinberg/Fries 2018; Hasselhorn/Gold 2017). Zum anderen ist die Planung von Geschichtsstunden entscheidend durch die Geschichtswissenschaft beeinflusst. Dies gilt insbesondere hinsichtlich der Bestimmung, möglichen Anordnung und Erschließung der historischen Sachverhalte. Vorrang bei der Planung von Geschichtsstunden haben jedoch geschichtsdidaktische Erkenntnisse, da historische Lehr-Lern-Situationen geplant werden.

In Tabelle 2 werden den Planungsebenen Planungstätigkeiten zugeordnet. Zudem wird die Verbindung der unterschiedlichen Disziplinen bei der Unterrichtsplanung und das Primat der Geschichtsdidaktik bei der Planung von Geschichtsstunden angedeutet. Anders als die Disziplinen, die bei der Planung einer Geschichtsstunde berücksichtigt werden sollten, lassen sich die Planungsebenen und dort jeweils relevante Tätigkeiten weder hierarchisch ordnen noch in eine zeitliche Abfolge bringen, die strikt einzuhalten ist. Die Entscheidung, welcher Ebene eine besondere Priorität beigemessen und mit welcher Planungstätigkeit begonnen wird, hängt sowohl von individuellen Neigungen der planenden Lehrperson als auch davon ab, für welchen Fokus sich bei der Planung entschieden wird (Litten 2017).

Planungsebene	Planungstätigkeiten
Bedingungsebene	kognitive, emotionale, soziale, sprachliche, kulturelle, metakognitive und arbeitsstrukturelle Lernausgangslage der Lerngruppe diagnostizieren
Sachebene	historische Sachverhalte begründet auswählen und ordnen
didaktische Ebene	historische Fragen entwickeln und Unterrichtsziele ableiten für einzelne Stundenphasen Medien begründet auswählen und Aufgabenstellungen formulieren
methodische Ebene	für die Geschichtsstunde Lehr-Lern-Konzepte, unterrichtsmethodische Strukturierungskonzepte sowie für einzelne Phasen Aktions- und Sozialformen begründet auswählen

Tab. 2: Tätigkeiten der Planung von Geschichtsstunden orientiert an Jank/Meyer 2011; Standop/Jürgens 2015; Gautschi 2015; Fogo 2014

Aufbau des Buches

Der Aufbau des Buches orientiert sich an den Planungstätigkeiten, die in Tabelle 2 dargestellt sind. Sie sind davon beeinflusst, was unter historischem Lernen verstanden wird. In *Kapitel 2* widmen wir uns daher zunächst dieser geschichtsdidaktischen Zielkategorie und konturieren sie aus dem Forschungsstand heraus.

In den folgenden Kapiteln des Buches werden die jeweiligen Planungsebenen und damit verbundene Tätigkeiten vor allem dahingehend beleuchtet, welche Optionen sie Geschichtslehrpersonen bieten und welche Kriterien bei der Entscheidung für oder wider eine der Optionen helfen können. Ziel ist es, grundlegende Tätigkeitsoptionen aufzuzeigen, aus denen mit Blick auf die jeweilige Lerngruppe und -situation kriterienorientiert ausgewählt werden kann, um konkrete Geschichtsstunden fokussiert und damit zeitsparend planen zu können. Enttäuscht werden Lesende sein, die sich einfache Rezepte für eine gelingende Unterrichtsplanung wünschen. Dies kann kaum geleistet werden.

Wie für die Planungsebenen und -tätigkeiten betont, sind die einzelnen Kapitel ebenfalls nicht als voneinander losgelöst zu betrachten, sondern bedingen einander. Ihre Anordnung gibt keine Reihenfolge vor. Unterschiedliche ‚Startpunkte' und Richtungen beim Lesen des Buches sind folglich möglich. Bezüge zwischen den Kapiteln sind durch Querverweise verdeutlicht.

In *Kapitel 3* zeigen wir beispielhaft Möglichkeiten auf, die Lernausgangslage der Lerngruppe aus geschichtsdidaktischer Perspektive zu diagnostizieren. In *Kapitel 4* werden Kriterien definiert, um historische Sachverhalte begründet auszuwählen und zum Thema der Geschichtsstunde zu machen. In *Kapitel 5* stehen Verfahren im Zentrum, um historische Sachverhalte im Rahmen einer Geschichtsstunde (oder Unterrichtsreihe) anzuordnen. In *Kapitel 6* skizzieren wir, wie Fragen zum ausgewählten historischen Sachverhalt entwickelt werden können, die auf historisches Lernen zielen. In *Kapitel 7* werden geschichtsdidaktische Ansätze vorgestellt, die verdeutlichen, wie Geschichtsstunden in Phasen eingeteilt und an *Kapitel 2* orientiert auf zentrale Operationen historischen Denkens ausgerichtet werden können. In *Kapitel 8* wird die Phase des Einstiegs gesondert behandelt, um zu verdeutlichen, wie bei den Lernenden Orientierungsbedürfnisse angeregt werden können, die entweder die geplante historische Frage adressieren oder das Formulieren eigener historischer Fragen durch die Schüler*innen zum Ziel haben. In *Kapitel 9* klären wir den Begriff Medien und bieten Kriterien ihrer Auswahl an. In *Kapitel 10* zeigen wir Wege auf, um Aufgaben zu formulieren, die zum Medium, zur historischen Frage und zur kognitiven Lernausgangslage der Lerngruppe passen. In *Kapitel 11* wird die kriterienorientierte Auswahl von Lehr-Lern-, unterrichtsmethodischen Strukturierungskonzepten sowie Aktions- und Sozialformen in den Blick genommen. In *Kapitel 12* bieten wir abschließend eine Systematisierung der einzelnen Planungstätigkeiten anhand zentraler Leitfragen an. Innerhalb der einzelnen Kapitel verdeutlichen Beispiele die praktische Umsetzung der theoretischen Überlegungen. Viele Kapitel werden zudem von Praxisbeispielen beschlossen, in denen wir mögliche Vorgehensweisen der Planung illustrieren. Abschließend wird das Zusammenspiel der Planungstätigkeiten anhand der Entwicklung einer Geschichtsstunde beispielhaft entfaltet.

Wir danken Runa Konstanze Rexin herzlich für ihre tatkräftige und kompetente Unterstützung bei der Entstehung dieses Buches. Dem Wochenschau-Verlag und insbesondere Jan Trützschler danken wir für das Interesse, unser Buch zu veröffentlichen und die konstruktive Begleitung des Publikationsprozesses.

2. Historisches Lernen als Ziel des Geschichtsunterrichts

Die Unterscheidung der Begriffe Vergangenheit und Geschichte ist wesentlich für die Konzeption des historischen Lernens und Lehrens und steht daher am Anfang dieses Kapitels. Hieran anknüpfend wird ein historischer Überblick der Zielsetzungen des Geschichtsunterrichts vorgestellt. Anschließend werden anhand der geschichtsdidaktischen Diskussionen gegenwärtige Ziele umrissen.

Worin besteht der Unterschied zwischen Vergangenheit und Geschichte?

Die Definitionen des Begriffs Geschichte sind nicht nur zahlreich, sondern auch vielfältig. Sie reichen von einer „Entfaltung der Natur Gottes“ (Hegel 1837, 48) bis hin zur „Form, in der sich eine Kultur über ihre Vergangenheit Rechenschaft gibt“ (Huizinga 1954, 13). Gemeinsam ist allen Definitionen die Annahme, dass Informationen über Vergangenes nicht als Geschichte anzusprechen sind, sondern diese erst durch die Herstellung bzw. Konstruktion von Bezügen oder Zusammenhängen zwischen ihnen entsteht (s. Abb. 2).

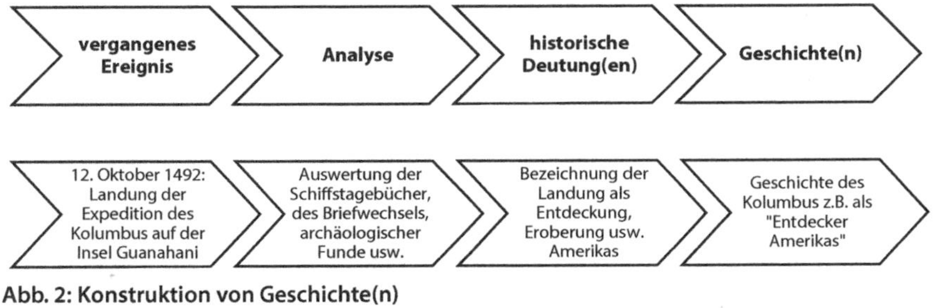

Abb. 2: Konstruktion von Geschichte(n)

Die Konstruktion von Geschichte(n) bedient sich unterschiedlicher Deutungsmuster und Erkenntnismethoden. Als ältestes Verfahren gilt die Hermeneutik. Sie zielt auf ein Verstehen und versucht die Intentionen und damit verbundene Vorstellungen bzw. Ideen zu erschließen, die hinter dem vergangenen menschlichen Handeln liegen (Faber 1992). Dem Vorbild der Naturwissenschaften folgend, entwickelten sich später ebenfalls erklärende Verfahren. Sie basieren auf der Annahme eines historischen Entwicklungsprozesses, dessen Faktoren mithilfe sozialwissenschaftlicher Theorien und Modelle bestimmt werden können (Rüsen 1992b). Einige dieser Ansätze gehen von einer Gesetzmäßigkeit aus und versuchen diese nachzuweisen. Am bekanntesten ist hier vermutlich der historische Materialismus.

Begrifflich lässt sich Geschichte als „bedeutungsvoller Zusammenhang zwischen vergangenem und gegenwärtigem Handeln" begreifen (Rüsen 1992a, 71) und von der Zeitdimension Vergangenheit abgrenzen. Diese Definition liefert zugleich eine erste Antwort auf die Frage warum Menschen Geschichte(n) produzieren. Sie dienen der Unterhaltung (van Norden 2011; Borries, 2015), der Orientierung in Gegenwart und für Zukunft, der Identitätsbildung (Bergmann 1975; Jäckel/Weymar 1975; Nietzsche 1874; Rüsen 1976) oder der (De-)Legitimation von Bestehendem (z.B. Normen und Werten, Handlungsoptionen).

Was sind Ziele des Geschichtsunterrichts?

Im Lauf der Zeit wurden unterschiedliche Ziele im deutschsprachigen Geschichtsunterricht verfolgt. Vom 19. bis Mitte des 20. Jahrhunderts dominierten obrigkeitsstaatliche bzw. nationalistische Setzungen (Bergmann 1998). Ab Mitte der 1960er Jahre adressierten Geschichtdidaktiker*innen in der Bundesrepublik und Geschichtsmethodiker*innen in der DDR das Erlernen geschichtsspezifischer Prozeduren (Borries 2007) und die Ausbildung eines (sozialistischen) Geschichtsbewusstseins (Rüsen 2008b; Jeismann 2000; Krause 1968). Mit Beginn der 2000er Jahre stand die Entwicklung historischer Kompetenzen im Zentrum (Barricelli u.a. 2012). In der ‚alten' Bundesrepublik wurde zudem die Emanzipation der Lernenden als Zielstellung formuliert (Bergmann 1998). Dieser Gedanke ist in jüngster Zeit aufgegriffen und mit neueren Strömungen der Sozial- und Kulturwissenschaften (z.B. intersectionality, postcolonial studies) verknüpft worden, die den Wert gesellschaftlicher Diversität und die Bedeutung der Thematisierung von race (ethnischer Herkunft), class (sozialer Herkunft) und gender (soziales Geschlecht) für historisches Lernen und gesellschaftlichen Erfolg betonen (Lücke/Messerschmidt 2020). Unter den Begriffen Diversität und Inklusion finden seit der Unterzeichnung des ‚Übereinkommens über die Rechte von Menschen mit Behinderungen' (2008) zunehmend Formen der körperlichen und geistigen Beeinträchtigungen von Schüler*innen Berücksichtigung. Fokussiert werden dabei die Sprache sowie damit verknüpfte

Symbolhandlungen, in denen sich gesellschaftliche Verschiedenheit ausdrückt (Lücke/Messerschmidt 2020). Ein gewisser Konsens besteht aktuell darin, dass im Geschichtsunterricht die Zeit fehlt, individuelle Curricula zu verfolgen. Stattdessen stehen z.B. die dialogische Auseinandersetzung mit Geschichte sowie die darüber adressierten historischen Kompetenzen im Zentrum des Geschichtsunterrichts (Barsch 2020).

Was ist historisches Lernen?

Zur Beschreibung historischen Lernens liegen zahlreiche Konzepte vor. Viele deutschsprachige Geschichtsdidaktiker*innen begründen ihre Vorstellungen anhand geschichtstheoretischer Überlegungen. Dabei gehen sie häufig von narrativ-konstruktivistischen Annahmen aus (s. Kap. 3), denen zufolge Menschen Geschichte(n) als Resultat der Auseinandersetzung mit historischen Medien (s. Kap. 9) konstruieren und erzählen. Englischsprachige Ansätze sind zumeist lerntheoretisch begründet und empirisch abgeleitet. Den Kern aller Konzepte bilden mentale, miteinander verbundene Vorgänge beim historischen Erzählen (z.B. Rüsen 2008b; Gautschi 2009; Peters 2014), Denken (z.B. Körber u.a. 2007; Bracke u.a. 2018), Begründen (van Boxtel/van Drie 2018) oder Verstehen (VanSledright 2011). Diese Vorgänge werden wahlweise als Kompetenzen (Barricelli u.a. 2012), Prozeduren (VanSledright 2011), Aktivitäten (van Boxtel/van Drie 2018) oder Operationen (Bracke u.a. 2018) bezeichnet. Als historisches Lernen gilt jeweils der Prozess der Veränderung der mentalen Strukturen historischen Denkens, der durch die Auseinandersetzung mit historischen Medien in der Gegenwart ausgelöst werden kann. Häufig wird davon ausgegangen, dass Kontingenzen (Unsicherheiten) oder Probleme in der Gegenwart, die mithilfe historischer Bezüge lösbar scheinen, historisches Denken anstoßen (s. Kap. 8). Zudem können Aufgaben den Prozess anregen (s. Kap. 10). Als Zielhorizont der Entwicklung historischen Denkens, das unter anderem in den Kontext von Schule, Familie, Peer-Group und Medien sozio- und geschichtskulturell eingebettet ist, dient geschichtswissenschaftliches Denken und Arbeiten (z.B. Bracke u.a. 2018; van Boxtel/van Drie 2018).

Aus geschichtsdidaktischer Perspektive zielt Geschichtsunterricht gegenwärtig auf die Förderung historischen Denkens, dessen Operationen in zahlreichen Konzepten ausdifferenziert wurden (z.B. Körber u.a. 2017, Gautschi 2009). Sie sind eng miteinander verbunden und können während der Planung zur Lernzielbestimmung (s. Praxisbeispiel in Kap. 12) oder Diagnose der Ausprägungen historischen Denkens herangezogen werden (s. Kap. 3). Die Teilaspekte lassen sich wie folgt zusammenfassen (orientiert an Nitsche u.a. 2020):

1. eigene historische Fragen bzw. Behauptungen entwickeln oder historische Fragen bzw. Behauptungen anderer in Medien oder Gesprächen erkennen,
2. Quellen und Darstellungen hinsichtlich historischer Fragen oder Behauptungen analysieren, d.h. in ihnen Aussagen über Vergangenes identifizieren, diese als mögliche Antwort(en) auf die gestellte(n) Frage(n) oder als Beleg(e) für die gemachte(n) Behauptung(en) festhalten und die diesbezügliche Relevanz bzw. Glaubwürdigkeit der genutzten Medien (Medienkritik) einschätzen,
3. Deutungen konstruieren, d.h. in 2) erarbeitete Aussagen über Vergangenes zeitlich verorten sowie miteinander abgleichen und verknüpfen, um je nach Fragestellung daraus Zusammenhänge zwischen historischen Sachverhalten, z.B. in Form einer Beschreibung, Erzählung oder Erklärung, zu entwickeln oder historisch zu argumentieren,
4. (eigene) vergangenheitsbezogene Gegenwarts- und Zukunftsperspektiven z.B. unter Nutzung historischer Sinnbildungsmuster (z.B. traditional, exemplarisch, kritisch, genetisch, zyklisch, telisch; Rüsen 2008a; Pandel 2002) entwickeln oder fremde hinterfragen. Dabei wird in 2) und 3) Erarbeitetes auf heute oder morgen bezogen, um
   - historische Orientierungsangebote mit heutigen Wertvorstellungen (z.B. Menschenrechte) oder Konzepten (z.B. Demokratie) zu (de-)legitimieren,
   - die Bedeutung historischer Sachverhalte für Gegenwart und Zukunft einzuschätzen oder
   - Handlungsoptionen für Gegenwart und Zukunft abzuleiten.

Die einzelnen Operationen werden unter anderem durch historisches Wissen beeinflusst, das sich in Wissen erster und zweiter Ordnung unterteilen lässt. Während unter historischem Wissen erster Ordnung historische Ereignisse, Personen, Prozesse oder Strukturen verstanden werden, meint historisches Wissen zweiter Ordnung Geschichtskonzepte, wie z.B. Dauer und Wandel (Bracke u.a. 2018; VanSledright 2011). Einfluss auf das historische Denken haben ferner epistemologische Annahmen (Beliefs), etwa zum Grad der Objektivität oder Subjektivität historischer Erkenntnis (Mierwald 2020) oder hinsichtlich gegenwärtiger Normen und Werte (Bracke u.a. 2018).

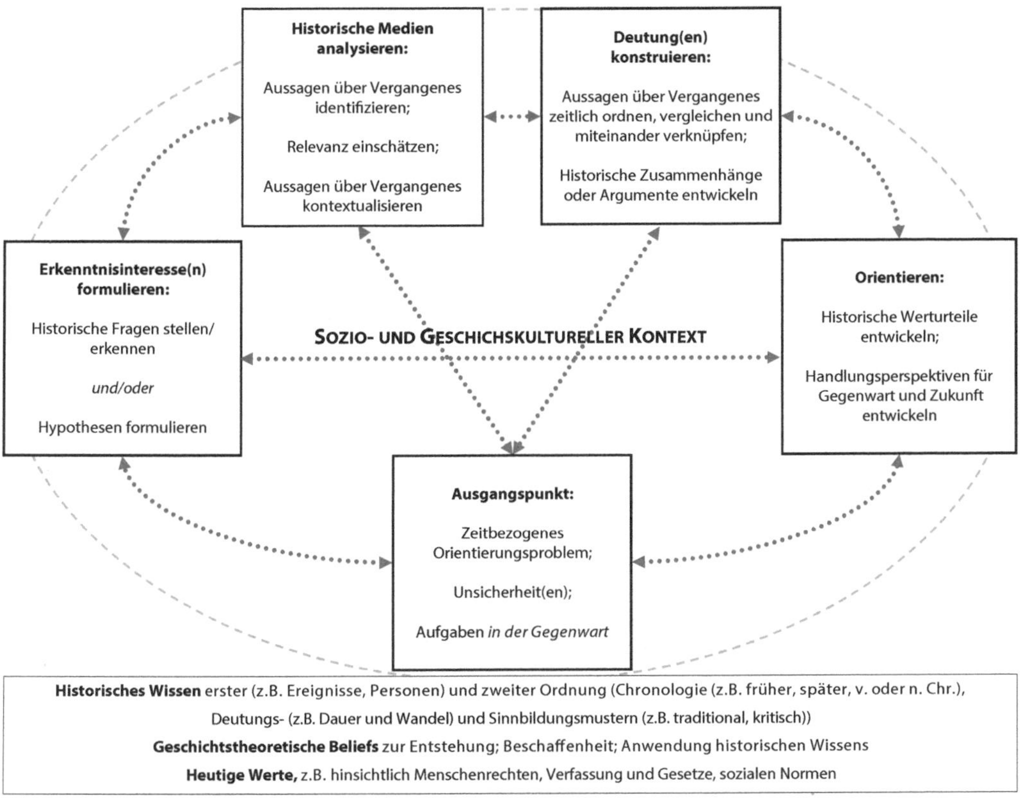

Abb. 3: Systematisierung historischen Denkens, Adaption nach Nitsche u. a. 2020

3. Kognitive Lernausgangslage der Lerngruppe diagnostizieren

Die Diagnose der Lernausgangslage der Schüler*innen gilt als (Grund-)Bedingung der Planung von Geschichtsunterricht. Sie kann entweder anhand von Lernprodukten erfolgen oder im Verlauf des Lernprozesses durchgeführt werden (Kühberger 2014). Während deutschsprachige Geschichtsdidaktiker*innen vor allem theoretische Überlegungen zur Unterscheidung der Qualität historischer Kompetenzen vorgelegt haben (z.B. Körber u.a. 2007; Pandel 2013), werden im Folgenden aus der empirischen Literatur Kriterien für eine Diagnose historischer Denkoperationen, historischen Wissens und geschichtstheoretischer Beliefs herausgearbeitet. Anschließend wird ein produkt- und ein prozessbezogenes Praxisbeispiel vorgestellt.

Wie entwickeln sich historische Denkoperationen?

Mit Blick auf den Bereich ‚Erkenntnisinteressen formulieren' konnte Wineburg (1991) in einem Vergleich zwischen Historiker*innen und Schüler*innen zeigen, dass Historiker*innen Fragen stellten, um auftretende Widersprüche in der Auseinandersetzung mit Quellen und Darstellungen auszuräumen oder diese zu erklären. Schüler*innen hingegen bemerkten Widersprüche selten, da ihnen das nötige Kontextwissen fehlte. Logtenberg (2012, 29) klassifizierte von Schüler*innen formulierte historische Fragen nach „lower order questions", die vor allem historisches Wissen erster Ordnung (z.B. Ereignisse, Personen, Jahreszahlen) betreffen und „higher order questions", die auf Wissen zweiter Ordnung zurückgreifen und auf die Begründung komplexerer Zusammenhänge (z.B. mittels Dauer und Wandel, Ursache und Wirkung) gerichtet sind. Die Denkoperation ‚historische Fragen stellen' kann demnach hinsichtlich des Grads der

- Reflexivität (Widersprüche werden erkannt/nicht erkannt) und der
- Komplexität (Bezug zu Wissen erster oder zweiter Ordnung) diagnostiziert werden.

Hinsichtlich des Bereichs ‚Historische Medien analysieren' verdeutlichen Untersuchungen zum Umgang von Schüler*innen mit Text- und Bildquellen sowie Darstellungen vor allem individuelle Unterschiede (Langer-Plän 2003; Bernhardt 2007; Martens 2010). Die Studie von Nokes (2017, 448), die nach der Anwendung und dem Einfluss von Medienkritik („sourcing“) auf historische Argumentationen US-amerikanischer Schüler*innen der achten Klasse fragte, zeigt, dass eine Medienkritik ‚nicht angewendet‘, die Aussagereichweite und Glaubwürdigkeit des Mediums als ‚ahistorisch oder unplausibel‘ („faulty logic“) eingeschätzt sowie (angebotene) Informationen zu den Medien und deren Kontext ‚für die Argumentation genutzt‘ wurden. Die Denkoperation ‚Relevanz einschätzen‘ ließe sich demnach mit Blick auf ihre

- Anwendung sowie die dabei erfolgte
- Historisierung und anschließende
- Nutzung der erschlossenen Aussagen über Vergangenes bei der Begründung der (eigenen) Positionierung diagnostizieren.

In Bezug auf den Bereich ‚Deutung(en) konstruieren‘ kann die Qualität der Operation ‚historische Medien vergleichen‘ („corroboration“) anhand des forschungspragmatischen Vorschlags von Mierwald (2020, 342 f.) dahingehend eingeschätzt werden, ob sie ‚nicht vorhanden‘, ‚eher ahistorisch‘ oder ‚auf den historischen Aussagegehalt von Quellen und Darstellungen bezogen‘ ist. ‚Historische Aussagen ordnen‘ bzw. ‚Erklärungen konstruieren‘ lässt sich anhand von zwei Studien unterscheiden. Van Norden und Must (2020, 204) untersuchten, inwiefern deutsche Lehramtsstudierende in historischen Narrationen Ereignisse ‚un-chronologisch‘, ‚chronologisch‘ oder als ‚andauernd und sich wandelnd‘ darstellten. Stoel u. a. (2015) differenzieren in ihrer Studie kausale Begründungen („causal reasoning“) holländischer Schüler*innen nach ‚linearen Ursache-Wirkungsbeziehungen‘ sowie ‚abstrakteren und komplexeren Verbindungen‘. Mierwald (2020, 328–334) unterscheidet in der bereits erwähnten Studie zur historischen Argumentation danach, ob eine These vorhanden ist, ‚undeutlich‘ oder ‚konkret‘ formuliert wird und ‚Gegenargumente berücksichtigt‘ werden. Als Kriterien einer Diagnose ergeben sich damit sowohl historische als auch sprachliche (Deutungs-)Muster.

Zum Bereich historisch ‚Orientieren‘ finden sich zwei forschungspragmatische Vorschläge. Hodel u. a. (2013, 131 f.) untersuchten die Abstützung historischer Werturteile deutschsprachiger Neuntklässler*innen durch das jeweils bearbeitete Material und kategorisierten sie als ‚gering‘ oder ‚elaboriert‘. Nitsche und Waldis (2016, 33) nahmen in den Blick, ob sich angehende Geschichtslehrpersonen in ihren Narrationen ‚nicht‘, ‚subjektiv‘ oder ‚medienbasiert‘ zum Dargestellten positionierten. Als Kriterium einer Diagnose kann somit der Grad der Begründung der Werturteile oder Positionierungen dienen.

In Tabelle 3 sind die hier aus den Studien ermittelten Kriterien zur Diagnose historischer Denkoperationen noch einmal zusammengefasst. Wie sich historische Denkoperationen diagnostizieren und entwickeln lassen, verdeutlicht das erste der beiden Praxisbeispiele am Schluss dieses Kapitels.

Kriterium	historische Denkoperation	Kriterien
Reflexivität **Komplexität**	Erkenntnisinteressen formulieren • Historische Fragen stellen	• Widersprüche zwischen Vorwissen und Medien werden erkannt/nicht erkannt • auf konkrete historische Ereignisse, Personen etc. gerichtet • auf historische Zusammenhänge gerichtet
Historisierung	Medien analysieren • Medienkritik vornehmen	• nicht vorgenommen • Aussagewert wird ahistorisch oder unlogisch eingeschätzt • Aussagewert wird mithilfe von Medien und Kontext historisch eingeschätzt
Struktur	Deutung(en) konstruieren • Aussagen über Vergangenes miteinander vergleichen	• nicht verglichen • ahistorisch verglichen • im Rahmen des historischen Kontextes verglichen
	• Aussagen über Vergangenes zeitlich ordnen	• Ereignisse sind nicht chronologisch geordnet • Ereignisse sind chronologisch geordnet • Ereignisse werden im Rahmen einer Chronologie als andauernd oder sich wandelnd dargestellt
	• historische Erklärungen konstruieren	• Ursache-Wirkungsgefüge fehlen • Ereignisse werden linear als Ursache und Wirkung miteinander verbunden • Ereignisse werden komplex als Ursache und Wirkung miteinander verknüpft
	• historische Argumentationen konstruieren	• These und Argumente sind nicht vorhanden, undeutlich oder unstrukturiert • These wird mit Argumenten verbunden, die sie stützen • These wird mit Argumenten verbunden, die sie stützen, Gegenargumente werden berücksichtigt
Begründung	historisch Orientieren • zu Geschichte(n) positionieren	• nicht positioniert • subjektiv-unbegründet positioniert • medienbasiert begründet

Tab. 3: Systematisierung von Kriterien zur Diagnose historischer Denkoperationen

Wie entwickelt sich historisches Wissen?

Der Erwerb historischen Wissens erster Ordnung gilt als Vernetzungsprozess, der individuell verläuft und deren Resultat sich im Grad der Verbindungen zum Beispiel zwischen Ereignissen und Personen unterscheidet (Bracke u.a. 2018, 103; Leinhardt/Young 1996). Die bereits erwähnte Untersuchung von Stoel u.a. (2015, 76) klassifizierte die in den historischen Erklärungen der Schüler*innen benannten „facts, dates, concepts" als ‚inkorrekt', ‚korrekt' oder ‚umfassend'. Soll im Geschichtsunterricht die ‚Sachrichtigkeit' von Wissen erster Ordnung abgeprüft werden, muss vorerst ähnlich pragmatisch wie in der genannten Studie vorgegangen und eine normativ festgelegte Anzahl von Informationen zum Maßstab erhoben werden, die im Unterricht erarbeitet wurden oder in zu bearbeitenden Medien enthalten sind.

Aus konstruktivistischer Sicht erscheint ein solches Vorgehen indes problematisch, lässt sich aus dieser Perspektive doch die Qualität historischen Wissens erster Ordnung lediglich anhand des Grades der Begründung (z.B. anhand von Quellen) und der Akzeptanz in Sozialgruppen und nicht anhand einer festgelegten Anzahl bestimmen. Alternativ könnten die Präkonzepte als Vorwissen der Lernenden sichtbar gemacht werden, etwa indem sie dazu angeregt werden, ihre Vorannahme zu einem historischen Sachverhalt zu formulieren (s. Kap. 8, 12) oder die Aufgabe zu bearbeiten, ihre Vorstellungen bildlich festzuhalten, um einen Konzeptwechsel vorzubereiten (Günther-Arndt 2018).

Für die Entwicklung historischen Wissens zweiter Ordnung liefern britische Interviewstudien Hinweise (s. Tab. 4). Gezeigt werden konnte unter anderem, dass es in den zentralen Bereichen ‚historisches Verstehen' (Lee u.a. 1997), ‚historisches Belegen' (Lee/Shemilt 2003), ‚historische Darstellungen' (Lee/Ashby 2000) und ‚historische Erklärungen' (Ashby u.a. 1997) erhebliche Unterschiede innerhalb der Altersgruppen gab, sodass die in den Studien ermittelten Abstufungen eher als Kriterien zur Diagnose denn als Standards einzelner Jahrgangsstufen dienen sollten (z.B. Lee/Shemilt 2003). Die den einzelnen Studien entnommenen Diagnosekriterien sind in Tabelle 4 systematisiert.

Bereich des historischen Wissens zweiter Ordnung	Kriterien
historisches Verstehen	Vergangenheit erscheint als • unverständlich, als aus heutiger Sicht unlogisch • erklärbar durch – die Anwendung von gegenwärtigen Stereotypen, Rollenmuster etc., – den Bezug auf gegenwärtige Begriffe und Handlungsmöglichkeiten • im Vergleich zur Gegenwart anders und wird als anders akzeptiert • nachvollziehbar im Rahmen des jeweiligen historischen Kontextes
historisches Belegen	• Vergangenes gilt als direkt zugänglich und abbildbar • Informationen über Vergangenes werden nach ‚richtig' und ‚falsch' unterschieden anhand von Autoritäten, z. B. Lehrbuch, Historiker*innen oder mit Blick auf die „Zeugenschaft" der*s Berichtenden und der Nähe zum Ereignis • Belege für Aussagen über Vergangenes – gelten als im Nachhinein konstruiert – erscheinen als abhängig von der/n historischen Frage(n), die an die Medien gestellt werden – werden als kontextabhängig erkannt und historische Aussagen in Bezug auf unterschiedliche Rahmungen (z. B. Quellen- und Forschungskontext) begründet
historische Darstellungen	• Geschichtsdarstellung und Vergangenes wird gleichgesetzt • Vergangenes gilt als unzugänglich und kaum darstellbar • Unterscheidung zwischen richtigen und falschen historischen Darstellungen • historische Darstellungen – gelten als abhängig von der Sicht ihrer Autor*innen, Abweichungen zwischen historischen Darstellungen, werden als Resultat von ‚Fehlern' oder ‚Lügen' wahrgenommen – werden als legitimer Ausdruck der Sichtweise der Autorin/des Autors wahrgenommen – werden hinsichtlich ihrer Merkmale und Kriterien ihrer Absicherung (z. B. Frage- und Quellenbezug) reflektiert
historisches Erklären	• historische Erklärungen werden nicht von anderen historischen Aussagen oder generellen Informationen unterschieden • Vergangenes – wird als Resultat menschlicher Absichten erklärt – erscheint als Ergebnis des Wollens sich organisierender Akteure oder abstrakter Kräfte • abstrakte Handlungsrahmen werden als Erklärung berücksichtigt und stärker gewichtet als menschliche Absichten

Tab. 4: Systematisierung von Kriterien zur Diagnose historischen Wissens zweiter Ordnung

Wie entwickeln sich geschichtstheoretische Beliefs?

Epistemologische Beliefs, die auf das Fach Geschichte bezogen sind, können ebenfalls als geschichtstheoretische Beliefs bezeichnet werden. Sie bündeln Annahmen über historisches Denken und Merkmale historischen Wissens, sind eng mit dem historischem Wissen zweiter Ordnung verbunden und haben Einfluss auf historisches Denken (s. Kap. 2). So konnten Studien einen Zusammenhang zwischen elaborierten (wissenschaftsförmige) Beliefs und der Qualität der Auseinandersetzung mit Quellen und Darstellungen (Wineburg 1991; Iordanou u.a. 2020) sowie der Qualität historischer Texte von Lernenden aufzeigen (Mierwald 2020). Epistemologische Beliefs sollten daher im Geschichtsunterricht explizit reflektiert werden.

Geschichtstheoretische Beliefs lassen sich grundlegend nach drei Positionen und dazugehörige Dimensionen kategorisieren und in eine Entwicklungslogik bringen (s. Tab. 5). Allerdings ist davon auszugehen, dass Historiker*innen Beliefs unterschiedlicher Positionen (bewusst) nutzen, um ihre geschichtswissenschaftlichen Ansichten zu vertreten (Nitsche 2019). Zum Beispiel dürften Beliefs der skeptischen Position wirksamer sein, wenn vorliegende Narrationen hinterfragt werden, wohingegen eigene Geschichtsdarstellungen vermutlich eher mit einem (eher positivistischen) Objektivitätsanspruch vertreten werden. Aus geschichtsdidaktischer Sicht erscheinen Beliefs der narrativ-konstruktivistischen Position erstrebenswert, da sie in Übereinstimmung mit den Vorstellungen zum historischen Denken stehen (s. Kap. 2). Wie sich Beliefs diagnostizieren und entwickeln lassen, verdeutlicht das zweite der beiden nachstehenden Praxisbeispiele.

Dimensionen	Positivismus	Skeptizismus	Narrativer Konstruktivismus
Geschichtsbegriff	Geschichte wird mit Vergangenheit gleichgesetzt	Geschichte wird als Deutung der Gegenwart aufgefasst	Geschichte und Vergangenheit werden voneinander unterschieden
Herkunft historischen Wissens	unmittelbar *über* historische Quellen	*über ein* individuelles Verständnis des jeweiligen Mediums	*über die* Rekonstruktion anhand von Quellen und Darstellungen
Begründung historischen Wissens	Beleg ist die historische Quelle	Kriterium ist die subjektive Wahrnehmung	wird argumentativ entwickelt
Strukturierung historischen Wissens	als Abbildung der Vergangenheit	als individuelle Erzählung	als historische Erzählung
Sicherheit historischen Wissens	mit Verweis auf Objektivität	fehlt	durch intersubjektive Prüfung
Anwendung historischen Wissens	zur Erklärung, wie es gewesen ist; zur Bestimmung von Gesetzmäßigkeiten	zur individuellen Meinungsbildung	zur historischen Orientierung

Tab. 5: Merkmale geschichtstheoretischer Beliefs (vereinfacht n. Nitsche 2019, 127)

Praxisbeispiel 1: Historisches Denken anhand historischer Argumentationen diagnostizieren

Ausgangslage

Eine Geschichtslehrperson behandelt mit Schüler*innen einer siebten Klasse die „Kolonialisierung Amerikas durch Europa". Im ersten Teil der Unterrichtsreihe setzte sich die Lerngruppe unter anderem mit den präkolumbianischen Kulturen auseinander und übte den Umgang mit historischen Deutungen. Der zweite Teil der Reihe zielt auf historische Argumentationen zur *historischen Frage*, inwiefern europäische Vorstellungen der ‚Neuen Welt' plausibel sind. Die Ergebnisse möchte die Lehrperson für die *Diagnose* der Ausprägungen historischen Denkens ihrer Schüler*innen nutzen

Planungsfrage

Wie sind die Operationen historischen Denkens der Schüler*innen ausgeprägt?

Entscheidung und Umsetzung

Um historische Denkoperationen zu diagnostizieren, konfrontiert die Lehrperson die Schüler*innen mit einer *Argumentationsaufgabe* zu einer historischen Quelle (s. Kap. 10).

Diagnoseaufgabe

Beurteile, inwiefern die Vorstellungen über die Bewohner*innen der ‚Neuen Welt' in M1 tatsächlich auf die präkolumbianischen Kulturen zutreffen. Beziehe Dich dabei auf eine der Kulturen: Maya, Inka, Azteken.

M1 Der Florentiner Amerigo Vespucci teilte 1502 Lorenzo de' Medici in einem Brief seine Eindrücke über die „Eingeborenen" in Südamerika mit

Wir fanden das Land von Menschen bewohnt, die völlig nackt gingen, Männer und Frauen, ohne darüber die geringste Scham zu empfinden. Ich unternahm einiges, ihr Leben und ihre Bräuche kennenzulernen, weshalb ich 27 Tage unter ihnen aß und schlief, und folgendes erfuhr ich bei ihnen:

Sie haben keine Gesetze und keinen Glauben, sie leben der Natur gemäß. Es gibt unter ihnen kein persönliches Eigentum, weil alles gemeinsam ist; sie haben keinen König: sie gehorchen niemandem, jeder ist sein eigener Herr; sie wohnen gemeinsam in Häusern, welche nach Art großer Strohhütten gebaut sind. Sie schlafen in frei aufgehängten Baumwollnetzen, ohne jede Bedeckung; beim Essen sitzen sie auf der Erde; sie essen Kräuterwurzeln und die besten Früchte, Fisch unbegrenzt. Das Fleisch, das sie essen, vor allem in Gemeinschaft, ist Menschenfleisch. Wenn sie eine teuflische Raserei überfällt, rufen sie das ganze Volk zusammen, stellen eine Mutter mit ihren Kindern vor alle hin, töten sie unter gewissen Zeremonien mit Pfeilen und verspeisen sie.

Aus: Bibliotheca Nazionale Centrale di Firenze. Codice Galileiano 292. Cimento Parte III. Carteggio. Vol. 18: Carte 137, 138, 139, zit. nach: Eberhard Schmitt (Hg.) 1984: Dokumente zur Geschichte der europäischen Expansion. Bd. 2: Die großen Entdeckungen. München: 177–180.

Lernprodukt (historische Argumentation einer*s Lernenden)

Die Frage lautet, ob Vespuccis mit seiner Beschreibung der Ureinwohner richtig liegt. Bei dem Text handelt es sich um einen Brief, der von Amerigo Vespucci verfasst wurde, in dem er von seinen Eindrücken der Ureinwohner Amerikas berichtet. Der Brief richtet sich an Lorenzo de Medici.

Amerigo Vespucci beschreibt die Menschen als „völlig nackt" (Z.1). Dadurch stellt er sie so dar, als hätten sie keine handwerklichen Fähigkeiten, wie die Herstellung von Kleidern entwickelt. Sie werden als Gesetzlose bezeichnet und hätten keinen Glauben (Z. 5). Außerdem sagt er von ihnen, dass sie kein persönliches Eigentum hätten und sie keinem Herrscher gehorchen (Z. 6–7). Ihnen wird unterstellt, dass sie schlechte Häuser hätten (Z. 8), auf dem Boden essen und als Fleisch würden sie ausschließlich Menschenfleisch essen. (Z. 10–11)

Während Amerigo Vespucci die Bewohner Südamerikas als handwerklich völlig unbegabt und nackt darstellt, sprechen Quellen eher dafür, dass die Azteken so genannte schwimmende Gärten anlegten, um darauf Nahrung anzubauen. Außerdem hatten sie eine große Hauptstadt und hatten für damalige Verhältnisse gute Rüstungen und Waffen. Nackt waren sie außerdem auch nicht und sie hatten immer einen Herrscher, der zum Ende hin über 25 Mio. Untertanen herrschte. Die Menschenopfer allerdings gab es tatsächlich, aber nicht in einer so extremen Form wie beschrieben.

Überwiegen tun bei den Azteken eindeutig die Abweichungen. Amerigo Vespucci hatte mit seiner Beschreibung unrecht und hat Amerikas Einwohner eher schlecht geredet. Ich finde es nicht wirklich gerecht gegenüber den Ureinwohnern, dass die Azteken damals sogar eine Hochkultur waren und Vespucci sie eher als Wilde bezeichnet hat.

Diagnose der Lehrperson

Für die *Diagnose* nutzt die Lehrperson ein Kompetenzraster, das sich an Tabelle 3 (S. 20) orientiert, aber wesentlich detaillierter und damit aussagekräftiger ist (s. Tab. 6). In ihrer *Diagnose* hält sie unter anderem fest: „Beim Erkenntnisinteresse in der Einleitung ist der Zeitbezug nicht erkennbar, da weder zeitliche Aspekte, historisch konnotierte Begriffe noch das Präteritum oder Perfekt verwendet werden, während ein Aufgabenbezug allerdings ohne Medienverweis vorliegt (Z. 1). Als zentrale Kategorie findet ‚Ureinwohner Amerikas', allerdings nicht definiert, Verwendung (Z. 3). Eine Quellenkritik ist nicht erkennbar, ein Medienbezug hingegen mehrfach, da die*der Lernende zu Beginn des Hauptteils die Quelle zusammenfasst (Z. 2–10). Im Anschluss wird das zentrale Argument entfaltet, das begründet, aber nicht erläutert wird (Z. 11–17). Zur Begründung dient eine konsensfähige Kontextualisierung (Z. 12–17). Der Aufbau der Argumentation ist unstrukturiert, da zwar genannte Einzelteile einer Argumentation zu finden sind, indes eine systematische Entfaltung von Argumenten, die auf eine These oder Frage bezogen sind, fehlt (Z. 5–17). Schließlich ist im Schlussteil eine Zusammenfassung vorhanden, die sowohl auf das Erkenntnisinteresse (die Frage) bezogen ist als auch mittels vorheriger Argumentation begründet scheint (Z. 18–21)" (Nitsche u. a. 2020, 37 f.).

Schlussfolgerungen für die Planung

Für die übrigen Schüler*innen der Klasse identifiziert die Lehrperson ähnliche Entwicklungspotentiale im Bereich des Zeitbezugs beim historischen Fragen, der Quellenkritik und der (argumentativen) Strukturierung von Geschichte(n). Daher nimmt sie sich für nachfolgende Unterrichtsreihen vor, die genannten Operationen historischen Denkens gezielt zu fördern.

Literatur

Nitsche, Martin u. a. 2020: Historisches Argumentieren mittels Schreibaufgaben zum europäischen Kolonialismus in Amerika fördern. In: Geschichte für heute. Zeitschrift für historisch-politische Bildung, Jg. 13, Heft 2, 21–48.

Kategorie & Definition	Abstufungen & Erläuterungen
Einleitung	
Zeitbezug des Erkenntnisinteresses: Fragen und/oder Hypothesen, die auf Vergangenes bezogen sind.	*Erkenntnisinteresse nicht erkennbar:* – *Zeitbezug nicht erkennbar:* Fragen/Hypothesen, die weder mittels Jahreszahlen, Ereignissen, noch historisch konnotierten Personen, Gruppen, Objekten etc. eine Bearbeitung von Zeitlichkeit verdeutlichen. *Zeitbezug erkennbar:* Fragen/Hypothesen, die mittels Jahreszahlen, Ereignissen, historisch konnotierten Personen, Gruppen, Objekten etc. eine Bearbeitung von Zeitlichkeit verdeutlichen.
Aufgabenbezug des Erkenntnisinteresses: Fragen und/oder Hypothesen, sind auf Aufgabenstellung und/oder die Medien bezogen.	*Nicht erkennbar:* – *Auf Aufgabenstellung oder Medien bezogen:* Fragen/Hypothese, die aufgrund der Aufgabenstellung formuliert wurden oder einen Medienverweis enthalten. *Auf Aufgabenstellung und Medien bezogen:* Fragen/Hypothese, die aufgrund der Aufgabenstellung formuliert wurden und einen Medienverweis enthalten.
Zentrale Kategorie(n): Begriff(e) in der Einleitung oder zu Beginn des Hauptteils zur Beurteilung der Bedeutung in der Vergangenheit (z. B. die Kultur, die Maya), in ‚der Geschichte' (Dauer und Wandel, Ursache und Wirkung, Ähnlichkeiten und Unterschiede), für die Gegenwart und/oder Zukunft (Wertmaßstäbe).	*Nicht erkennbar:* – *Nicht definiert:* Zentrale Begriffe werden zwar verwendet, aber nicht hinsichtlich ihrer genutzten Bedeutung erklärt. *Definiert:* Zentrale Begriffe werden verwendet und hinsichtlich ihrer genutzten Bedeutung erklärt.
Hauptteil	
Quellenkritik: Aussagen zur Quellenkritik sind im Hauptteil zu finden und daran erkennbar, dass Überlegungen zur Glaubwürdigkeit der Aussagen der Quellen gemacht werden.	*Nicht erkennbar:* - *Unbegründet:* Die Glaubwürdigkeit wird berücksichtigt, aber nicht begründet. (z. B. „kommt mir komisch vor, was der Autor sagt ...", „erscheint mir wenig glaubwürdig ..."). *Begründet:* Die Glaubwürdigkeit („die Glaubwürdigkeit ...", „finde ich plausibel ..., triftig ... glaubwürdig, glaubhaft, überzeugend, erscheint mir zuverlässig ..., da ... weil ...") wird durch einen Aspekt (z. B. Beruf der Autorperson, Nähe zum Ereignis, Aussageabsicht, Adressaten, Quellengattung) begründet.
Medienbezug: Ein Medienbezug ist im Hauptteil des Textes zu finden und daran erkennbar, dass entweder in den Sätzen Verfassende und Medium genannt werden (z. B. „im Brief/Text von André Langie") oder auf das Medium (z. B.) in den Sätzen oder in Klammern verwiesen wird.	*Nicht erkennbar:* Es wird weder implizit noch explizit Bezug auf die zur Verfügung stehenden Medien genommen. *Implizit erkennbar:* Der Bezug wird erkennbar, indem Aussagen aus den angebotenen Medien genutzt werden, ist jedoch nicht explizit hergestellt oder allenfalls umschrieben („der Vertrag"), ohne dass genauer auf die Urhebenden, die Zeit usw. eingegangen wird. *Erkennbar:* Auf das verwendete Medium bzw. die verwendeten Medien wird verwiesen, wie z. B. „Material A", Literaturverweis etc.

Kategorie & Definition	Abstufungen & Erläuterungen
Hauptteil	
Kontextualisierung: Historische Aussagen, die nicht aus den angebotenen Medien stammen und anhand von zeitlichen Einordnungen und/oder Fachbegriffen erkennbar werden.	*Nicht erkennbar:* – *Strittig:* Aussagen, die dem Forschungsstand bzw. dem im Unterricht behandelten widersprechen. *Konsensfähig:* Aussagen, die vor dem Hintergrund des Forschungsstandes bzw. dem im Unterricht besprochenen plausibel sind.
Aufbau Argumente: Argumente sind im Hauptteil zu finden. Sie bestehen aus vergangenheitsbezogen Aussagen, Begründungen/Unterstützungen (durch Zitat, Medienverweis, Kontextinformation) und Erläuterung (warum die Aussage überzeugend ist; „Meiner Meinung nach steht die Quelle exemplarisch für ...", „Die Aussage ist überzeugend, weil ...").	*Nicht erkennbar:* – *Aussage mit Begründung oder Erläuterung:* Eine Aussage wird anhand der Begründung *oder* Erläuterung als (historisches) Argument erkennbar. *Aussage mit Begründung und Erläuterung:* Eine Aussage wird anhand der Begründung *und* Erläuterung als (historisches) Argument erkennbar.
Argumentation: Für diese Kategorie wird der gesamte Text in den Blick genommen.	*Unstrukturiert:* Einzelne Textteile und Aussagen sind vorhanden. Sie werden jedoch nicht systematisch verbunden, hinsichtlich ihrer Position auf die These bezogen (Pro- und/oder Kontra) geordnet usw. *Linear strukturiert:* Eine Einleitung mit zeitlicher Einordnung, Frage bzw. These, ein Hauptteil, in dem Argumente auf die Frage bzw. These bezogen werden, die für oder gegen diese argumentieren und ein Schlussteil in dem wenigstens auf die These der Einleitung eingegangen wird, ist erkennbar. *Abwägend strukturiert:* Eine Einleitung mit zeitlicher Einordnung, Frage bzw. These, ein Hauptteil, in dem Argumente auf die Frage bzw. These bezogen werden, die für oder gegen diese argumentieren, jedoch auch wenigstens ein Gegenargument nutzen und diese entkräften und ein Schlussteil in dem wenigstens auf die These der Einleitung eingegangen wird, ist erkennbar.
Schlussteil	
Zusammenfassung der Erkenntnis: Textteil, in dem bezüglich des Erkenntnisinteresses und/oder aufgrund der Argumentation Folgerungen gezogen werden.	*Nicht erkennbar:* – *Bezogen auf Erkenntnisinteresse oder Argumentation:* Im Schlussteil des Textes wird ein Bezug zum Erkenntnisinteresse *oder* eine Folgerung aus der Argumentation gezogen. *Bezogen auf Erkenntnisinteresse und Argumentation:* Im Schlussteil des Textes wird ein Bezug zum Erkenntnisinteresse *und* eine Folgerung aus der Argumentation gezogen.

Tab. 6: Kriterien zur kompetenzorientierten Einschätzung historischer Argumentationen, aus: Nitsche u. a. 2020, 34–36

Praxisbeispiel 2: Veränderungen der geschichtstheoretischen Beliefs und des Wissens zweiter Ordnung diagnostizieren

Ausgangslage

Im Geschichtsunterricht einer 7. Klasse thematisiert die Lehrperson im Rahmen der Unterrichtsreihe „Glaubensspaltung und Glaubenskriege“ den Spielfilm „Luther. Er veränderte die Welt für immer“ (2003). Mittels einer *Diagnoseaufgabe* zum Film (s. Kap.10), die zu Beginn und am Ende der Unterrichtsreihe gestellt wird, möchte die Lehrperson diagnostizieren, inwieweit sich bei den Schüler*innen geschichtstheoretische Beliefs und Bestandteile des Wissens zweiter Ordnung verändern.

Planungsfrage

Welche geschichtstheoretischen Beliefs vertreten die Schüler*innen? Wie ist ihr historisches Wissen zweiter Ordnung zu historischen Darstellungen ausgeprägt?

Entscheidung und Umsetzung

In der ersten Stunde der Unterrichtsreihe zeigte die Lehrperson die Szene von Luthers Ankunft in Rom (08:00–12:30 min). Im Anschluss formulierte sie die *Leitfrage* der Unterrichtsreihe: „Der Film ‚Luther‘ – eine Darstellung der tatsächlichen Ereignisse?“. Nach einem erneuten Abspielen des Filmausschnittes stellte sie den Schüler*innen eine *Diagnoseaufgabe*, die auf die Reflexion von Geschichtsdarstellungen abzielt. In den folgenden Stunden setzten sich die Schüler*innen unter anderem mit dem historischen Kontext der Reformation und der Kontroverse um den Thesenanschlag auseinander. Zudem übten sie die Analyse historischer Darstellungen am Bsp. des Spielfilms, indem sie dessen filmische Mittel (z. B. Kameraperspektive, Filmmusik) untersuchten. In der letzten Stunde der Unterrichtsreihe verglichen die Schüler*innen die Darstellung des Thesenanschlages im Film mit historischen Darstellungen aus dem 20. Jahrhundert (Buschmann 2000). Anschließend erhielten sie wiederum eine *Diagnoseaufgabe*.

Diagnoseaufgabe zu Beginn

Schreibe auf, ob uns der Film zeigt, was Luther in Rom tatsächlich erlebt hat. Begründe deine Antwort.

Diagnoseaufgabe am Ende

Schreibe auf, ob uns der Film das tatsächliche Leben Luthers zeigt und begründe deine Antwort.

Lernprodukte zu Beginn

„Ich denke, dass sich das Leben in der Großstadt wirklich so abgespielt hat. Der Film zeigt, dass es im Mittelalter sehr schmutzig und lärmig war. So war es auch in der Realität. Die Bürger Roms waren einfaches Gesindel [Gesinde?]. Die Leute der Kirche standen über ihnen, doch der Papst war das Oberhaupt. [...] Also denke ich das dies wirklich die entscheidenden Erlebnisse Luthers in Rom waren.“ (Nitsche 2010, 45 ff.)

Lernprodukte am Ende

„Ich denke, dass der Lutherfilm an den meisten Stellen realistisch gemacht ist. Da er das Leben der damaligen Zeit und überwiegend die historischen Ereignisse richtig darstellt. Doch da es auch ein Film ist, der zur Unterhaltung dienen soll, sind manche Ereignisse etwas anders gezeigt worden, z. B. ist gar nicht wirklich klar, ob der Thesenanschlag in der Art stattgefunden hat und vorallem [sic] kommt die Reaktion viel schneller als in der Realität. [...].“ (ebd.)

Diagnose der Lehrperson

Das *Wissen über historische Darstellungen* diagnostiziert die Lehrperson mithilfe eines Rasters, das sich an der Tabelle 4 (S. 22) orientiert. Der erste Text zeigt der Lehrperson, dass die Schülerin die Darstellung des Geschichtsfilms mit den Ereignissen in der Vergangenheit gleichsetzt („das Leben in der Großstadt [hat sich] wirklich so abgespielt"). Im zweiten Text, in dem sich die Schülerin auf den im Unterricht thematisierten historischen Kontext bezieht, wird hingegen zwischen richtigen und falschen „Stellen" des Films unterschieden („z. B. ist gar nicht wirklich klar, ob der Thesenanschlag in der Art stattgefunden hat"). Die Lehrperson deutet die Veränderungen zwischen beiden Antworten als Entwicklung des Wissens zweiter Ordnung zu historischen Darstellungen. Mit Blick auf die *geschichtstheoretischen Beliefs* (s. Tab. 5) diagnostiziert die Lehrperson jedoch eine Kontinuität positivistischer Annahmen, da ‚richtige' bzw. ‚realistische' Darstellungsmöglichkeiten angenommen werden. Die *Diagnosen* der Texte der Mitschüler*innen ergeben ähnliche Befunde.

Schlussfolgerungen für die Planung

Die Lehrperson erkennt, dass eine Entwicklung des Wissens zu historischen Darstellungen bei den Schüler*innen angestoßen wurde. Gleichzeitig stellt sie fest, dass sich die geschichtstheoretischen Beliefs der Lernenden wenig verändert haben und nach wie vor positivistisch geprägt sind. Die Lehrperson plant daher für die folgenden Unterrichtsreihen *Aufgaben* ein, die die Schüler*innen anregen sollen, ihre Vorstellungen zur Plausibilität historischer Darstellungen zu reflektieren (Nitsche 2010).

Medien

Till, Eric 2003: Luther. Er veränderte die Welt für immer, Deutschland, 123 Minuten.

Literatur

Nitsche, Martin 2010: Der Geschichtsfilm „Luther" im Unterricht – ein Beitrag zur Förderung eines reflektierten und (selbst-) reflexiven Geschichtsbewusstseins? – am Beispiel der 7. Klasse des Gymnasiums, Hausarbeit zur Zweiten Staatsprüfung gemäß § 19 LehVDVO M-V. Greifswald.

4. Historische Sachverhalte bestimmen

Es widerspricht in vielerlei Hinsicht den gegenwärtigen geschichtsdidaktischen Zielstellungen von Geschichtsunterricht, einen verbindlichen Kanon an historischen Ereignissen oder Personen zu fokussieren (s. Kap. 2). Gleichwohl finden sich derartige Vorschläge nach wie vor nicht nur in (schulinternen) Lehrplänen. Als Begründung werden gesellschaftliche sowie politische Erwartungen an den Geschichtsunterricht angeführt, die sich unter anderem auf geschichtskulturelle Setzungen, aktuelle Herausforderungen oder auf eine Identitätsbildung und Werteerziehung beziehen (Pandel 2013). Die durch Lehrpläne, Lehrbücher usw. erfolgte Bestimmung historischer Sachverhalte entbindet jedoch nicht davon, sich bei der Planung selbst entscheiden zu müssen. Zu groß ist oftmals die Auswahl oder zu offen und weit der gesteckte Rahmen. Im Folgenden werden in der Literatur aufgeführte Kriterien vorgestellt, die dabei helfen können, historische Sachverhalte zu bestimmen.

Nach welchen Kriterien lassen sich, historische Sachverhalte bestimmen?

Mit Blick auf die in *Kapitel 2* aufgeführten Funktionen von Geschichte(n) kann die Gegenwarts- und Zukunftsorientierung als ein zentrales Kriterium der Bestimmung historischer Sachverhalte fungieren. Die in der Literatur zu findende Setzung „Unser Gegenstand ist diejenige Vergangenheit, welche deutlich mit Gegenwart und Zukunft zusammenhängt“ (Burckhardt 1957, 1) greift jedoch zu kurz, da sie einerseits durch den Begriff der Vergangenheit eine Reduzierung auf historische Ereignisse suggeriert und damit Geschichte(n) auszuschließen vermag (Körber u.a. 2007). Andererseits birgt eine Fokussierung auf die Historisierung gegenwärtiger politischer Herausforderungen oder auf aktuelle geschichtskulturelle Debatten die Gefahr, Geschichtsunterricht zur „historischen Gegenwartskunde“ werden zu lassen und dadurch „Erfahrungs- und Einsichtsmöglichkeiten“ anhand vergangener Ereignisse auszusparen, die gegenwärtig nicht in Form von Geschichte(n) verhandelt werden (Rohlfes 1974, 90). Gegenwarts- und Zukunftsorientierung lässt sich aber nicht nur als Beschränkung, sondern auch als Möglichkeit begreifen,

Schüler*innen die gesellschaftliche und individuelle Relevanz von Vergangenheit zu verdeutlichen.

Als zentrales Kriterium gilt ferner die Exemplarität (Gautschi 2015; Hug 1985; Klafki 1991; Oswalt 2016; Paffrath u.a. 1979). Als exemplarisch kann z.B. ein vergangenes Ereignis oder eine Geschichte bezeichnet werden, das bzw. die entweder typisch für die jeweilige Epoche ist oder beispielhaft zur Erklärung fachwissenschaftlicher Modelle oder Theorien (z.B. Feudalismus, Absolutismus, Revolution) herangezogen werden kann. Exemplarisch wären sie zudem, wenn sie für den zeitgenössischen oder gegenwärtigen Umgang mit Vergangenheit bzw. deren Nutzung als politisches Argument stehen (z.B. Dolchstoßlegende) oder auf Schlüsselprobleme bzw. Sinnzusammenhänge (z.B. Migration) verweisen und anthropologische Grundmuster (z.B. gewaltsame oder friedliche Konfliktlösung) offen zu legen versprechen (Mayer u.a. 2012; Bergmann 2016; Klafki 1991).

Neben diesen beiden Kriterien finden sich weitere, die z.B. das Potential vergangener Ereignisse, „historische und kulturelle Andersartigkeit“ oder menschliches Handeln als „zeit-, standort- und interessengebunden“ nachzuweisen einfordern (Sauer 2013, 45). Sie machen die Auswahl historischer Sachverhalte jedoch nicht leichter, da sie auf grundlegende Aspekte der Beschäftigung mit Vergangenheit verweisen und somit (nicht unberechtigt) die Entscheidung für jedes vergangene Ereignis bzw. für jede Geschichte rechtfertigen. Einschränkender wirken da unterrichtspragmatische Hinweise, wie das Thema müsse sich sachlogisch in die Unterrichtseinheit ein- und an die vorherigen Geschichtsstunden anbinden lassen oder Interessen der Schüler*innen berücksichtigen (Georgi 2003; Hug 1985; Köster u.a. 2014; Pandel 2013). Die Anzahl solcher Hinweise ließen sich z.B. durch Verweis auf die Fähigkeiten der Schüler*innen, die Verfügbarkeit von Literatur oder didaktisch aufbereitetem Material beliebig (und sinnvoll) erweitern.

geschichtsdidaktische Kriterien	unterrichtspragmatische Kriterien
Gegenwarts- und Zukunftsorientierung • Orientierung an aktuellen geschichtskulturellen Debatten • Historisierung gegenwärtiger individueller und gesellschaftlicher Herausforderungen Exemplarität, d. h. vergangene Ereignisse oder Geschichte(n) sind • epochen- bzw. zeittypisch • ein geeignetes Beispiel zur Erklärung fachwissenschaftlicher Modelle oder Theorien • typisch für den gegenwärtigen Umgang mit Vergangenheit bzw. deren Nutzung als politisches Argument • verweisen auf anthropologische Grundmuster	• Einstellungen und Erfahrungsraum der Schüler*innen • Fähigkeiten bzw. Kompetenzen der Schüler*innen • sachlogischer Bezug zur Unterrichtsreihe und zur vorherigen Geschichtsstunde • Verfügbarkeit von Literatur oder didaktisch aufbereitetem Material • zur Verfügung stehende Unterrichtszeit • Möglichkeiten der Zusammenarbeit mit anderen Disziplinen, außerschulischen Akteur*innen

Tab. 7: mögliche Kriterien zur Bestimmung historischer Sachverhalte

In der Literatur finden sich ferner sogenannte geschichtswissenschaftliche bzw. geschichtsdidaktische Kategorien und Dimensionen. Sie verweisen auf Bereiche gesellschaftlichen Zusammenlebens und auf geschichtstheoretische Vorstellungen, wie z.B. zum Unterschied von Entscheidungs- und Handlungsspielräumen, zum Verhältnis von Kontinuität und Wandel oder zum Einfluss von Personen und Strukturen auf gesellschaftliche Verhältnisse und deren Entwicklung (Baumgärtner 2015; Gautschi u.a. 2012; Jessen 2008; Mayer u.a. 2012; Pandel 1987; Peters 2014; Rohlfes 2005). Als Möglichkeit der Strukturierung oder Deutungs- und Sinnbildungsmuster interpretiert, können sie dem Wissen zweiter Ordnung zugeordnet werden (s. Kap. 2). Zugleich können sie Kriterien zur Bestimmung historischer Sachverhalte sein, indem sie einzelne gesellschaftliche Bereiche (z.B. Politik, Kultur, Wirtschaft) oder Deutungs- und Sinnbildungsmuster (z.B. Allgemeines und Singuläres) benennen, die in einer Geschichtsstunde fokussiert werden können.

Rohlfes 1974, 2005	Pandel 1987	Gautschi u. a. 2012	Peters 2014
• Zeitvorstellungen und Zeitgebundenheit • Wandel, Prozess, Entwicklung • Entscheidungs- und Handlungsspielräume • Personen, Ereignisse und Strukturen • Allgemeines und Singuläres bzw. Individuelles • Komplexität und Wechselwirkung	• Zeitbewusstsein (früher -heute/ morgen) • Wirklichkeitsbewusstsein (real/ historisch – imaginär) • Historizitätsbewusstsein (statisch – veränderlich) • Identitätsbewusstsein (wir – ihr/sie) • politisches Bewusstsein (oben – unten) • ökonomisch-soziales Bewusstsein (arm – reich) • moralisches Bewusstsein (richtig – falsch)	• Zeitvorstellungen und Weltbilder • Lebensphasen und Lebensformen • Eigenes und Fremdes • Bewältigung und Nutzung von Räumen • Herrschaft • Wirtschaft • Kultur • Formen sozialer Ungleichheit	• philosophisch- und religiös-historisch (Zeitvorstellungen, Weltbilder, Geschichte) • mental-historisch (Eigenes und Fremdes) • geographisch- und ökologisch-historisch (Erschließung, Nutzung und Zerstörung von Räumen und Umwelt) • politisch-historisch (Herrschaft, Krieg und Frieden) • gesellschaftlich- und sozial-historisch (Lebensformen und zwischenmenschliche Beziehungen) • ökonomisch-historisch (Wirtschaft und Arbeit) • kultur-historisch (Kultur, einschließlich Medien, Geschichtskultur und Kultur als soziale Praxis)

Tab. 8: geschichtswissenschaftliche bzw. geschichtsdidaktische Kategorien und Dimensionen (Auswahl)

Jede Entscheidung für oder wider einzelne der aufgeführten Kriterien (s. Tab. 7, 8) ist das Ergebnis eines „absichtsvolle[n] und perspektivische[n] Zugriffs" auf Vergangenheit (Jeismann 1978, 89). Dass (eigene) Vergangenheitsdeutungen die Recherche und die Entscheidung für ein oder mehrere Kriterien leiten, ist ebenso denkbar, wie die Entwicklung einer eigenen Narration während der Bestimmung des historischen Sachverhalts. Als „Hintergrundnarration“ (Nitsche 2019, 132) kann diese die weitere Planung der Stunde und deren Durchführung beeinflussen. Es empfiehlt sich daher, sowohl

- Tätigkeitsoptionen durchzuspielen bzw. die einzelnen Kriterien zur Bestimmung des historischen Sachverhalts (s. Tab. 7, 8) anzuwenden als auch,
- Vergangenheitsdeutungen zu hinterfragen, die vor der Bestimmung des historischen Sachverhalts erkenntnisleitend sind oder während der Planung entwickelt werden und anschliessend die Planung prägen (können).

Dies kann zu einer größeren Offenheit gegenüber möglichen Erklärungs- bzw. Deutungsmustern der Schüler*innen führen, Einseitigkeiten im Unterricht vorbeugen und Pluralismus trainieren helfen.

Warum sollten Kriterien bewusst ausgewählt werden?

Da die Kriterien nicht nur der Legitimation der eigenen Entscheidung für einen historischen Sachverhalt dienen, sondern ebenfalls dazu beitragen können, historische Fragen zu entwickelt (s. Kap. 6) oder die Wahrnehmung der Lernenden zu lenken, ist es sinnvoll, sich bewusst dafür zu entscheiden. Ein Beispiel soll dies verdeutlichen. Die ‚Seßhaftwerdung von Jägern und Sammlern in der Jungsteinzeit‘ könnte z.B. hinsichtlich des Kriteriums Kontinuität und Wandel bestimmt und konkret auf diesen Gegensatz im Bereich der Wirtschaft (s. Tab. 8) in der Zeit des Übergangs zu Ackerbau und Vorratswirtschaft fokussiert werden. Den Wandel hervorhebend, ließe sich der historische Sachverhalt als „neolithische Revolution“ (Childe 1930) bezeichnen und zugleich diese Deutung in Frage stellen: Handelte es sich um eine Revolution? War es eine prototypische Revolution? Genauso gut ließe sich der historische Sachverhalt mit Blick auf das Verhältnis von Ereignis und Struktur im Bereich der Ökologie (s. Tab. 8) verorten und darüber diskutieren, inwiefern mit der Seßhaftwerdung auf Herausforderungen reagiert wurde, die sich aus den gesellschaftlichen Strukturen und der damit verbundenen Raumnutzung ergaben (Burenhult/ Anati 1993).

Sollen geschichtswissenschaftliche bzw. -didaktische Kategorien und Dimensionen ausgewählt werden (s. Tab. 8), empfiehlt es sich, die Lerngruppe im Blick zu behalten. Bezogen auf das Beispiel der neolithischen Revolution wäre in der Sekundarstufe I z.B. eine Fokussierung auf den Begriff der Revolution ggf. geeigneter, weil die Veränderung von ‚Wandern‘ zu ‚an einem Ort bleiben‘ greifbarer und die sich daraus ergebenen Folgen leichter zu erschließen sein dürften als ein abstrakter Zusammenhang zwischen sozialen, kulturellen und ökologischen Aspekten auf der einen und naturräumlichen Gegebenheiten auf der anderen Seite. Hieraus wird ersichtlich, dass sich die Bestimmung des historischen Sachverhaltes als „Passungsprozess" zwischen gesellschaftlichen Erwartungen und Vorgaben, individuellen Ansprüchen und den Anforderungen der jeweiligen Lerngruppe charakterisieren lässt (orientiert an Mayer u.a. 2012, 382).

Praxisbeispiel 3: Historische Sachverhalte bestimmen

Planungssituation

Eine angehende Geschichtslehrperson erhält von ihrer Mentorin die Aufgabe, für eine 8. Klasse eine Stunde zur „Wilhelminischen Gesellschaft" zu planen. Sie verschafft sich einen ersten Überblick zum Thema. Durch ihre Recherche erfährt sie, dass das deutsche Kaiserreich lange als Junker-, Militär- oder Obrigkeitsstaat charakterisiert wurde. Diese Deutung wurde Mitte der 2000er Jahre zunehmend kritisiert, da sie vor allem auf der Vorstellung eines deutschen „Sonderwegs" beruht, der im Nationalsozialismus gemündet sei (Müller/Torp 2008). Aus populärwissenschaftlichen Medien weiß die angehende Geschichtslehrperson, dass das Kaiserreich gegenwärtig eine Aufwertung erlebt. So werden aktuell unter anderem eine Politisierung breiter Bevölkerungsschichten (z.B. Richter 2020), der Ausbau des Rechtsstaates und Innovationen im Bereich der Technik, Wissenschaft und Kultur als positive Aspekte der „Wilhelminischen Gesellschaft" hervorgehoben (z.B. Kroll 2013). Gleichzeitig werden sowohl in der Geschichtswissenschaft als auch in der Gesellschaft Aspekte wie Kolonialismus und Rassismus kritisch betont (z.B. Aitken/Rosenhaft, 2013; Aly 2021). Die angehende Lehrperson steht nun vor der Herausforderung, einzelne *historische Sachverhalte* auswählen zu müssen.

Planungsfragen

Welche historischen Sachverhalte sollen thematisiert werden? Inwiefern tragen sie zur Handlungsorientierung in Gegenwart und Zukunft bei? Aufgrund welcher weiteren pragmatischen Kriterien lassen sie sich begründen?

Entscheidungsmöglichkeiten

Hinsichtlich geschichtskultureller Debatten (s. Tab. 7) fragt sich die angehende Lehrperson, in welchen Bereichen die „wilhelminische Ära" noch heute präsent ist. Sie entdeckt architektonische Zeugnisse, Denkmäler und Straßennamen und aus dieser Zeit stammende Redewendungen. Die Auseinandersetzung um Denkmäler, wie 2019 um die Sanierung des Bismarck-Denkmals in St. Pauli oder die Denkmalanlage in Hamburg-Jenfeld 2003, böte einen geeigneten Anlass, Kontinuität und Wandel in der Erinnerungskultur zu thematisieren (s. Tab. 8), würde die Stunde jedoch auf einzelne Personen(gruppen) und deren damalige und heutige Bewertung fokussieren. Die angehende Lehrperson sucht daher zudem nach exemplarischen Aspekten (s. Tab. 7), hier konkret nach epochen- bzw. zeittypischen Elementen der wilhelminischen Gesellschaft. Dabei greift sie auf einzelne Aspekte der oben benannten fachwissenschaftlichen Kontroversen zurück. Eine Thematisierung des damals weit verbreiteten Militarismus, Nationalismus, Rassismus oder Antisemitismus böte ihr die Möglichkeit, Einstellungen und Haltungen in den Blick zu nehmen, die von den Schüler*innen als zeitspezifisch und wandelbar gedeutet werden könnten. Eine Entscheidung für einen oder mehrere dieser „Ismen" würde das Kaiserreich allerdings auf eine Weise konnotieren und die geschichtswissenschaftlichen Positionen lediglich unzureichend wiedergeben.

Da Vollständigkeit nicht der Anspruch von Geschichtsunterricht sein kann, lassen sich jedoch Phänomene, wie z. B. der Militarismus (erinnert sei z. B. an den Matrosenanzug) oder der Rassismus (verwiesen sei unter anderem auf die Völkerschauen) als exemplarisch annehmen und sehr eindrücklich anhand des deutschen Kaiserreiches verdeutlichen. Andere hingegen (z. B. Massenpolitisierung, technische Innovationen und deren gesellschaftliche Folgen) können ebenfalls anhand anderer Zeiten und gesellschaftlicher Systeme verdeutlichen werden. In einem letzten Schritt wendet die angehende Lehrperson einzelne geschichtswissenschaftliche bzw. geschichtsdidaktische Kategorien und Dimensionen an (s. Tab. 8). Bei der Bestimmung einzelner gesellschaftlicher Bereiche landet sie erneut bei den bereits in der fachwissenschaftlichen Diskussion angesprochenen politischen, kulturellen, wissenschaftlich-technischen Aspekten. Der Blick auf einzelne geschichtstheoretische Vorstellungen, wie z. B. zum Unterschied von Entscheidungs- und Handlungsspielräumen, liefert ihr keine neuen Ansätze, schärft aber ihre bisherigen Überlegungen und lässt sie nach Verhaltensweisen suchen (militaristischen, rassistischen etc.), die von der heutigen Norm abweichen.

Entscheidung und Ausblick

Bevor sich die angehende Lehrperson aber endgültig festlegt, prüft sie ihre Option noch einmal anhand unterrichtspragmatischer Kriterien (s. Tab. 7). Die Verfügbarkeit von Literatur oder didaktisch aufbereitetem Material stellt keine Herausforderung dar. Bei den Interessen und Fähigkeiten ihrer Lerngruppe ist sich die angehende Lehrperson noch unsicher und präferiert daher einen historischen Sachverhalt, der leicht nachvollziehbar ist und aus ihrer Sicht einen direkten Bezug zur Lebenswelt der Schüler*innen hat. Am Ende ihrer Überlegungen entscheidet sie sich dafür, den Einfluss des deutschen Militarismus auf Kindheit und Jugend im deutschen Kaiserreich zu thematisieren.

Im Folgenden nimmt sich die Lehrperson vor, eine *historische Frage* zu entwickeln (Kap. 6), passende *Medien* (Kap. 9) sowie *Aufgaben* (Kap. 10) für die einzelnen *Phasen* (Kap. 7) auszuwählen und sowohl *Lehr-Lern-* und *unterrichtsmethodische Strukturierungskonzepte* als auch *Aktions- und Sozialformen* (Kap. 11) festzulegen. Für den Fall, dass sie keine passenden *Medien* findet, behält sie es sich vor, einen anderen *historischen Sachverhalt* zu bestimmen.

Literatur

Müller Sven/Torp, Cornelius (Hg.) 2008: Das Deutsche Kaiserreich in der Kontroverse, Vandenhoeck & Ruprecht, Göttingen.

Kroll, Frank-Lothar 2013: Geburt der Moderne. Politik, Gesellschaft und Kultur vor dem Ersten Weltkrieg, be.bra, Berlin.

Richter, Hedwig 2020: Demokratie. Eine deutsche Affäre. Vom 18. Jahrhundert bis zur Gegenwart, C.H. Beck, München.

Aitken, Robbie/Rosenhaft, Eve 2013: Black Germany. The Making and Unmaking of a Diaspora Community 1884–1960, University Press, Cambridge.

Aly, Götz 2021: Das Prachtboot. Wie Deutsche die Kunstschätze der Südsee raubten, S. Fischer, Frankfurt/M.

5. Historische Sachverhalte ordnen

Im Fokus des folgenden Kapitels steht die Frage, auf welche Art und Weise sich historische Sachverhalte (s. Kap. 4) thematisch strukturieren lassen. Zunächst werden unterschiedliche Ansätze vorgestellt, bevor die aus unserer Sicht zentralen Verfahren hinsichtlich ihrer Vor- und Nachteile beleuchtet werden.

Was sind thematische Strukturierungsverfahren?

Thematische Strukturierungsverfahren werden in der Literatur zum Teil ähnlich, häufiger jedoch unterschiedlich systematisiert. Dies beginnt bereits bei den Bezeichnungen, so spricht Schmid (1974) von Verfahrensweisen, Sauer (2013) von Untersuchungsverfahren, Pandel (2013) und Barricelli (2017) von Darstellungsweisen bzw. -konzepten und Peters (2014), Baumgärtner (2015) und Barricelli (2018) von Strukturierungskonzepten bzw. -prinzipien. Einigkeit besteht jedoch in der Notwendigkeit von thematischen Strukturierungsverfahren, da Vergangenes nie vollständig erzählt werden kann und im Rahmen von Geschichte(n) eine Auswahl erfolgen muss (s. Kap. 2 und 4). Thematische Strukturierungsverfahren orientieren sich an den fachwissenschaftlichen Verfahren zur Darstellung von Vergangenem (Pandel 2013, 196) und wurden geschichtsdidaktisch adaptiert. Sie helfen bei der Auswahl und Anordnung historischer Sachverhalte, da sie hierfür jeweils eigene Kriterien anbieten.

In Tabelle 9 werden die thematischen Strukturierungsverfahren aufgelistet, die sich in der geschichtsdidaktischen Literatur finden. Das genetisch-chronologisches Verfahren, den Längs- und Querschnitt sowie die Fallanalyse (für die abweichenden Bezeichnungen vgl. die Anm.) führen alle Autor*innen auf. Andere thematische Strukturierungsverfahren werden nur von einzelnen Autor*innen als solche ausgemacht. Im Folgenden wird kurz begründet, warum wir sie nicht berücksichtigen.

Verfahren	Schmid 1974	Sauer 2008	Pandel 2013	Baumgärtner 2015	Peters 2016	Barricelli 2017/18	Rauh 2018
genetisch-chronologisches Verfahren	X	X	X[1]	X[1]	X	X	X
Längsschnitt	X	X	X	X	X	X	X
Querschnitt	X[2]	X[3]	X	X	X	X	X
Fallanalyse	X	X[4]	X[5]	X[5]	X	X	X
Vergleich	X	X	X	X	X		X
perspektivisch-ideologiekritisches Verfahren	X	X		X			X
individualisierendes bzw. biographisches Verfahren	X			X		X	X
kritisch-geschichtskulturelle Strukturierungsprinzipien					X		
Konstellationsanalyse						X	

1 Als Epochensequenz bezeichnet.
2 Als strukturierendes Verfahren bezeichnet.
3 Als Epochenquerschnitt bezeichnet
4 Als Schwerpunktbildung und Fallanalyse bezeichnet.
5 Als Falldarstellung bezeichnet.

Tab. 9: Übersicht thematischer Strukturierungsverfahren in der geschichtsdidaktischen Literatur

Der historische Vergleich wird von Drüding und Schlutow (2019) als Methode im Geschichtsunterricht bezeichnet, die das Ziel verfolgt, Spezifika von oder Gemeinsamkeiten zwischen historischen Sachverhalten festzustellen. Da in diesem Buch der Längsschnitt als diachroner Vergleich und der Querschnitt als synchroner Vergleich verstanden werden, erübrigt sich der Vergleich als eigenes thematisches Strukturierungsverfahren.

Das perspektivisch-ideologiekritische Verfahren wird im Detail zwar unterschiedlich definiert, im Kern geht es jedoch um die Analyse von Quellen und Darstellungen bezüglich ihrer Perspektivität. Damit handelt es sich eher um ein kompetenzorientiertes Ziel (s. Kap. 2) als um ein konkretes Instrument der thematischen Strukturierung. Dies lässt sich daran verdeutlichen, dass das benannte Ziel sowohl anhand eines Mediums eines Zeitpunktes (=Fallanalyse) sowie anhand von Medien aus unterschiedlichen Zeiten (=Längsschnitt) oder aus unterschiedlichen gesellschaftlichen oder territorialen Bereichen einer Zeitebene (=Querschnitt) erreicht werden kann.

Das individualisierende bzw. biographische Verfahren vermittelt Einsichten in die Prinzipien Personalisierung/Personifizierung und Alterität (s. Kap. 6). Es gibt aber keinen Aufschluss darüber, wie die historischen Sachverhalte strukturiert werden sollen. Hier ist ebenfalls eine Entscheidung für das genetisch-chronologische Verfahren, die Fallanalyse, den Längsschnitt oder den Querschnitt möglich. Ähnliches gilt für das kritisch-geschichtskulturelle Prinzip (Peters 2014).

Bei der Konstellationsanalyse soll das Zusammenwirken natürlicher Elemente, Akteure und struktureller Begebenheiten verdeutlicht werden (Barricelli 2017). Auch dies kann jedoch mittels genetisch-chronologischem Verfahren Fallanalyse, Längsschnitt (Beispiel bei Barricelli 2018) oder Querschnitt erfolgen.

Was unterscheidet die thematischen Strukturierungsverfahren?

Beim *genetisch-chronologische Verfahren* werden historische Ereignisse ausgewählt, die chronologisch aneinandergereiht werden. Dabei wird zwischen ihnen ein kausaler oder zweckrationaler Zusammenhang hergestellt. Das Verfahren eignet sich insbesondere zur Thematisierung historischer Prozesse.

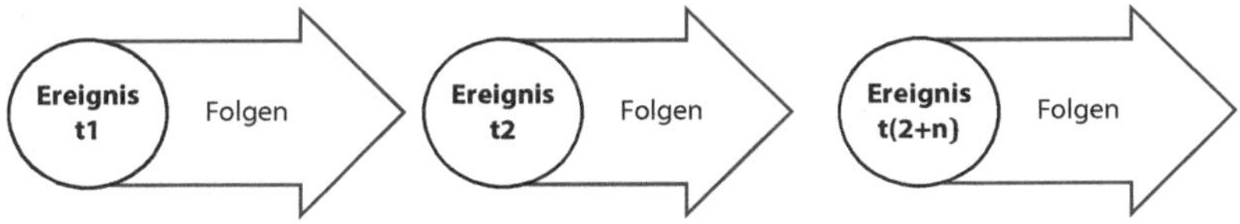

Abb. 4: Anordnung und Thematisierung historischer Sachverhalte im genetisch-chronologischen Verfahren

Der so genannte „chronologische Durchgang durch die Geschichte“ soll Lernenden eine Orientierung in der Zeit vermitteln, indem ein grober Überblick über die gesamte ‚Geschichte‘ gegeben wird (Peters 2014, 84). Ferner lässt sich mit ihm insbesondere die Fähigkeit der Lernenden fördern, zeitdifferente historische Ereignisse miteinander zu verknüpfen und historische Narrationen zu entwickeln, da sich der historische Kontext im Gegensatz zu Längs- und Querschnitten nicht allzu ‚sprunghaft‘ ändert.

Der größte Nachteil dieses Verfahrens ist, dass er suggeriert, eine vermeintlich vollständige Geschichte erzählen zu können. Dabei wird bei diesem Strukturierungsverfahren ebenfalls gesprungen und ausgelassen; nicht zuletzt sind die Festlegungen von Anfang und Ende stets „willkürliche Setzungen“ (Barricelli 2017, 204). Zudem erscheint die Versuchung groß, gleichzeitig stattfindende oder nicht zur Deutung passende historische Ereignisse auszusparen (Schmid 1974, 54). Auf diese Weise kann bei Schüler*innen der Eindruck erweckt werden, historische Entwicklungen seien durch „zwanghafte Abläufe“ geprägt (Schmid 1974, 54; Peters 2014, 84). Außerdem besteht die Gefahr, dass es bei einer „chronologischen Anordnung von Einzelthemen“ bleibt (Sauer 2013, 56).

Der *Längsschnitt* hat mit dem genetisch-chronologischen Verfahren gemeinsam, dass die Themen chronologisch angeordnet werden. Der entscheidende Unterschied ist jedoch, dass beim Längsschnitt ein Phänomen ausgewählt wird, das zu unterschiedlichen Zeiten wiederkehrt. Solche Phänomene haben zudem zumeist einen Bezug zur Gegenwart. Bei ihrer Auswahl bzw. Bestimmung kann eine Orientierung an den Schlüsselproblemen nach Klafki helfen (Barricelli 2017; Peters 2014). Wir folgen der Auffassung Sauers (2013), der den Längsschnitt als diachronen Vergleich bezeichnet. Barricelli (2017) betont ebenfalls die Notwendigkeit, Vergleichsaspekte oder Merkmale festzulegen. Dies ist in der Geschichtsdidaktik allerdings umstritten. Schmid (1974) und Pandel (2013) sehen im Längsschnitt die Funktion, epochenübergreifende Entwicklungen aufzuzeigen, indem Geschichte auf einen Aspekt (Schmid) bzw. wenige Dimensionen (Pandel) reduziert wird. Dies ist unserer Ansicht nach jedoch beim genetisch-chronologischen Verfahren ebenfalls möglich und wird meist so vollzogen. Ein Beispiel: Die Weimarer Republik wird häufig genetisch-chronologisch unter der Frage unterrichtet, warum sie scheiterte. Folglich werden politische Ereignisse bzw. Phasen ausgewählt und z.B. kulturelle Aspekte im Rahmen der „Goldenen Zwanziger“ ausgeblendet bzw. als „Inselphänomen“ unterrichtet.

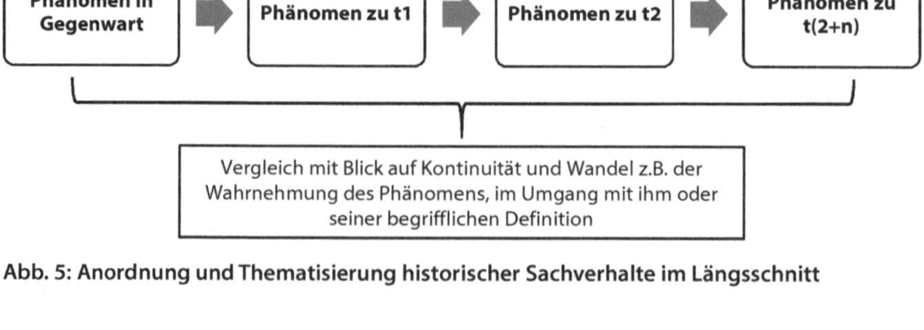

Abb. 5: Anordnung und Thematisierung historischer Sachverhalte im Längsschnitt

Der Längsschnitt bietet den Vorteil die Auswahl transparent zu machen, da sich für die Betrachtung eines Phänomens entschieden wird. So könnten z.B. Maßnahmen, mit denen in der Gegenwart auf Krisen reagiert wird, fokussiert und das Handeln von Menschen in ähnlichen, jedoch bereits vergangenen Situationen historisch beleuchtet werden. Ausgehend von diesen lässt sich dann untersuchen, „wie [...] Menschen verschiedener Zeiten unter jeweils bestimmten Bedingungen bestimmte Probleme gelöst oder [ge]rechtfertigt“ haben (Schmid 1974, 55). Die Zeitpunkte können mithilfe des historischen Vergleichs so in Beziehung gesetzt werden, dass sowohl Spezifika als auch Gemeinsamkeiten herausgestellt und damit Kontinuität und Wandel in den Blick geraten können. Auf diese Weise lässt sich leicht ein Bogen zur Gegenwart und Zukunft schlagen und z.B. danach fragen, inwiefern sich aus damaligen Erfahrungen Handlungsoptionen für heute ableiten lassen.

Beim Längsschnitt besteht die Gefahr stets darin, dass die zeitspezifischen Bedingungen zu wenig berücksichtigt werden. Dies kann zu einer fachlich fragwürdigen Gleichsetzung historischer Sachverhalte bzw. der diesen zu Grunde liegenden Phänomene führen (Barricelli 2017). Somit gilt es bei der Planung von Längsschnitten einerseits einen „Mut zur Lücke“ (Peters 2014, 87) aufzubringen und nicht die jeweiligen Zeitebenen (zu) ausführlich behandeln zu wollen, andererseits aber der Spezifik der jeweiligen Zeitkontexte gerecht zu werden.

Im Gegensatz zu den bisherigen Strukturierungsverfahren, die Zeitverläufe in den Blick nehmen, wird beim *Querschnitt* ein historischer Zustand betrachtet, von dem angenommen wird, dass er „keiner Veränderung unterworfen ist“ (Pandel 2013, 387). Der Querschnitt kommt daher zum Einsatz, wenn historische Strukturen, z.B. einzelner Epochen oder Staatssysteme, untersucht werden. Im Gegensatz zum Längsschnitt wird der Lerngegenstand nicht auf ein Phänomen reduziert, sondern es werden möglichst viele unterschiedliche Aspekte (z.B. von Regionen oder gesellschaftliche Bereiche) berücksichtigt. Sauer (2013, 61) und Rauh (2018, 20) sehen das Ziel des Querschnitts darin, „ein umfangreiches [...] Bild“ bzw. „einen umfassenden Überblick“ zu erhalten. Dies erscheint jedoch fraglich, geht es demnach doch weniger um einen Vergleich als um eine Vertiefung historischer Sachverhalte. Wir folgen der Ansicht, wonach beim Querschnitt entweder

- die Bereiche eines Gesellschaftssystems (z.B. Politik, Kultur, Wirtschaft) hinsichtlich ihrer Spezifika und Wirkungszusammenhänge (Günther-Arndt 2014) oder
- die Ausprägung der Bereiche mehrerer Gesellschaftssysteme bzw. Kulturen innerhalb eines Zeitraumes (ähnlich argumentiert Peters 2014) betrachtet werden.

Der Querschnitt ist demnach ein synchroner Vergleich, der sich insbesondere bei der Betrachtung historischer Theorien bzw. Modelle anbietet; erinnert sei hier an den Vergleich unterschiedlicher Formen des europäischen Absolutismus, totalitärer Bewegungen in den 1920/30er Jahren oder der Transformation im sogenannten Ostblock Ende der 1980er Jahre. Mithilfe des Querschnitts lassen sich Wesensmerkmale historischer Theorien bzw. Modelle bestimmen und gleichzeitig strukturell oder kulturell bedingte Unterschiede der gewählten historischen Beispiele herausarbeiten. Dies wiederum bietet die Möglichkeit die Theorien bzw. Modelle zu überprüfen und hinsichtlich ihrer Allgemeingültigkeit zu befragen.

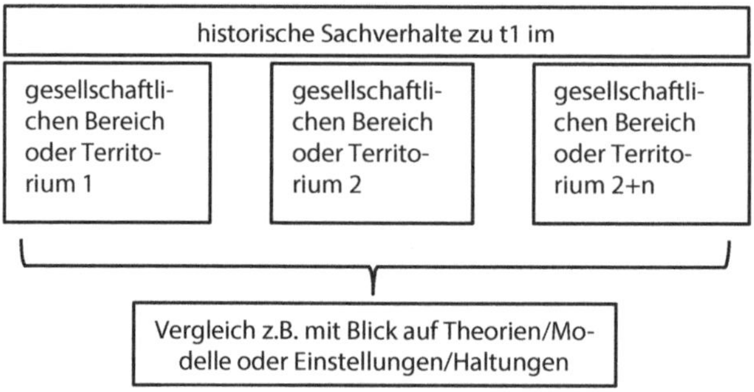

Abb. 6: Anordnung und Thematisierung historischer Sachverhalte im Querschnitt

Eine Gefahr bei der Umsetzung des Querschnitts besteht dann, wenn die Erkenntnisse zu den jeweiligen Bereichen bzw. Regionen nicht aufeinander bezogen werden. Insbesondere bei Epochenquerschnitten kann dies dazu führen, dass es bei in sich abgeschlossenen chronologischen Erzählungen zu Bereichen bzw. Regionen bleibt (Barricelli 2017). Beispielsweise ist eine Betrachtung des Lebens auf der Burg, in der Stadt, in Siedlungen ohne Stadtrecht, im Kloster, auf Reisen usw. unter der Überschrift „Leben im Mittelalter" kein Querschnitt, wenn nicht die einzelnen Bereiche bzw. Räume vergleichend auf das Konzept Mittelalter bezogen oder zur Entwicklung einer Definition des Begriffs Mittelalter genutzt werden.

Im Zentrum einer *Fallanalyse* steht ein konkretes historisches Ereignis, an dem zeittypische Bedingungen, Verhältnisse oder Entwicklungen aufgezeigt werden sollen. Entscheidend dabei ist jedoch, dass „die am fassbaren Einzelfall gewonnenen Erkenntnisse transfer- und anschlussfähig sind" (Barricelli 2017, 215). So kann am Ende der Unterrichtseinheit geprüft werden, inwiefern der Fall repräsentativ für die Zeit ist oder ein Spezifikum darstellt.

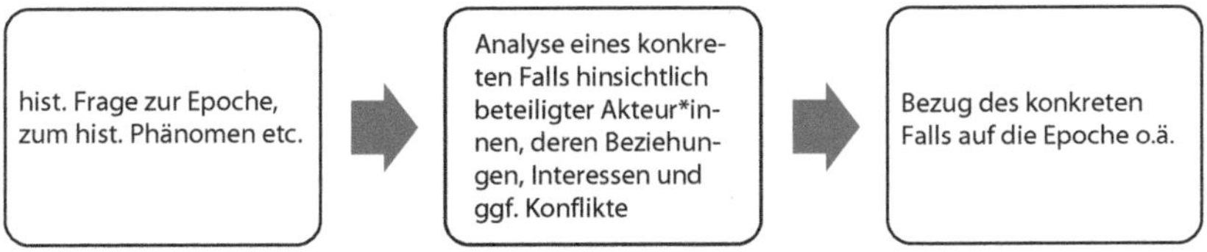

Abb. 7: Struktur einer Fallanalyse

Die Fallanalyse verspricht eine zeitökonomische Vermittlung historischer Einsichten. Zugleich besteht die Gefahr darin, einzelne Akteur*innen oder Maßnahmen auszublenden oder die entscheidende Kontextualisierung bzw. Einordnung des Falls zu vernachlässigen.

Insgesamt sind das genetisch-chronologische Verfahren, der Längs- und Querschnitt sowie die Fallanalyse zentrale Verfahren, um historische Sachverhalte anzuordnen bzw. Aspekte dieser für eine Geschichtsstunde auszuwählen. Um die unterschiedliche Art der Anordnung und deren Auswirkung auf die Narration sichtbar werden zu lassen, empfiehlt es sich zwischen den einzelnen thematischen Strukturierungsverfahren zu wechseln und gemeinsam mit den Schüler*innen über Chancen oder Grenzen derselben nachzudenken.

Praxisbeispiel 4: historische Sachverhalte ordnen

Planungssituation

In einer 12. Klasse steht das Thema „DDR – eine sozialistische Diktatur" auf dem Lehrplan. Im Lehrbuch wird ein mehrere Seiten umfassender genetisch-chronologischer Durchgang angeboten. Die Lehrperson hat den *historischen Sachverhalt* „Das politische System der DDR" bestimmt (s. Kap. 4) und überlegt, ob sich das im Lehrbuch verwendete *thematische Strukturierungskonzept* für die Thematisierung eignet oder ein anderes plausibler ist. Eine *historische Frage* hat die Lehrperson noch nicht entwickelt (s. Kap. 6).

Planungsfrage

Wie sollen die historischen Sachverhalte als Geschichte(n) der Stunde(n) strukturiert werden?

Entscheidungsmöglichkeiten

Die Lehrperson sieht 4 Möglichkeiten, das Thema zu strukturieren (chronologisch-genetischer Durchgang, Längsschnitt, Querschnitt, Fallanalyse). Die erste Option, hieße, den genetisch-chronologischen Durchgang des Lehrbuchs zu übernehmen (s. Abb. 4). Damit ließe sich die Entwicklung der sozialistischen Diktatur in der DDR in unterschiedliche Phasen einteilen (z. B. Weber 1999). Der Vorteil bestünde darin, die Genese des politischen Systems herauszuarbeiten. Die Lehrperson nimmt von diesem *thematischen Strukturierungskonzept* jedoch Abstand, da sie den Schwerpunkt nicht auf die Entwicklung des politischen Systems legen möchte.

In einem Längs- oder Querschnitt (s. Abb. 5 und 6) könnten einzelne Phänomene und deren Ausprägung in der sozialistischen Diktatur der DDR genauer in den Blick genommen werden. Hier böten sich zum Beispiel „Wahlen" an, da diese in der Fachliteratur als Merkmal von Demokratien aufgeführt werden (z. B. Shell 1973), aber in der UdSSR und ihren Satellitenstaaten ebenfalls Teil des politischen Systems waren und hinsichtlich ihrer unterschiedlichen Funktion innerhalb mehrerer Gesellschaftssysteme betrachtet werden könnten (z. B. Lapp 1996). Dieser Zugang erscheint der Lehrperson umso gebotener, als dass sie aus vergangenen Stunden weiß, dass viele ihrer Schüler*innen Wahlen mit Demokratie gleichsetzen. In einem Längsschnitt ließen sich die Wahlen in der DDR unter anderem mit denen in der attischen Demokratie, im südafrikanischen Apartheidsregime und der heutigen Bundesrepublik vergleichen. In einem Querschnitt könnten entweder Wahlen in den sozialistischen Staaten oder im Sinne einer deutsch-deutschen Geschichte in DDR und BRD verglichen werden.

Schließlich prüft die Lehrperson, ob sich das Thema anhand einer Fallanalyse unterrichten ließe (s. Abb. 7). Ausgehend von den Überlegungen zum Längs- und Querschnitt entdeckt sie einen Beitrag zu den Kommunalwahlen im Mai 1989 (Bundeszentrale für Politische Bildung 2019). Aus ihrer Sicht lassen sich an diesem Fall der Ablauf und die Funktion von Wahlen in einer sozialistischen Diktatur aufzeigen. Zugleich lässt sich über den demokratischen Ansatz und Anspruch von Wahlen diskutieren. Dies erscheint ihr unter anderem deshalb möglich, da einerseits die Funktion, Zweck, Organisation und Durchführung von Wahlen in der DDR allgemein betrachtet und andererseits das Besondere der Kommunalwahlen 1989 herausgestellt werden kann.

Entscheidung und Ausblick

Die Lehrperson entscheidet sich für die Fallanalyse, da sie schnell passende Quellen und Darstellungen findet. Im nächsten Schritt macht sie sich an die Entwicklung einer *historischen Frage* (s. Kap. 6).

Literatur

Bundeszentrale für Politische Bildung 2019: Wahlbetrug 1989 – als die DDR-Regierung ihre Glaubwürdigkeit verlor, veröffentlicht unter: https://www.bpb.de/kurz-knapp/hintergrund-aktuell/290562/wahlbetrug-1989-als-die-ddr-regierung-ihre-glaubwuerdigkeit-verlor/ [September 2022].

Lapp, Peter Joachim 1996: Wahlen und Wahlfälschungen in der DDR. In: Deutschland Archiv, Bd. 29, Heft 1, 92–99.

Shell, Kurt L. 1973: Demokratie, in: Görlitz, Alex (Hg.): Handlexikon zur Politikwissenschaft. Bd. 1, Rowohlt Taschenbuch, Reinbek bei Hamburg, 57–61.

Weber, Hermann 1999: Geschichte der DDR, Tandem, München.

6. Historische Fragen entwickeln und Ziele der Geschichtsstunde ableiten

In *Kapitel 4* wurde die Anwendung einzelner Kriterien zur Bestimmung des historischen Sachverhalts vorgestellt. Daran anknüpfend, steht hier die Entwicklung historischer Fragen für Geschichtsstunden im Fokus. Dabei ist zunächst zu klären, was historische Fragen ausmacht und inwiefern sich Gütekriterien zur Formulierung von Fragen für Geschichtsstunden bestimmen lassen.

Was macht historische Fragen aus, wonach lassen sie sich unterscheiden und welche Gütekriterien ergeben sich daraus?

Historische Fragen sind stets auf einen Zeitpunkt oder Zeitpunkte ausgerichtet und orientieren sich an einem oder mehreren Referenzrahmen (Schreiber 2007). In Anlehnung an Schreiber (2007) lassen sie sich danach klassifizieren, inwieweit sie

- eine Antwort einfordern, die historische Sachverhalte benennt,
- dazu anhalten, die historischen Sachverhalte so zu strukturieren, dass eine im Kontext des Geschichtsunterrichts schlüssige historische Deutung und/ oder Orientierung formuliert wird und
- dazu auffordern, die Zeitspezifik und Perspektive sowohl der eigenen als auch der historischen Deutungen oder Orientierungen anderer zu berücksichtigen.

Diese Klassifizierung verweist zugleich auf Gütekriterien (Bracke u.a. 2018; Thünemann 2010; 2013), was an einem Beispiel illustriert werden soll. Die historische Frage ‚Wann lebte Karl der Große?', die sich mit dem Halbsatz: ‚zwischen 747 oder 748 und 814 n. Chr.' beantworten lässt, fordert eine Antwort ein, die historische Sachverhalte beinhaltet. Sie hält aber weder dazu an, eine schlüssige historische Deutung oder Orientierung zu formulieren, noch die Zeitspezifik oder die Perspektive eigener bzw. fremder historischer Deutungen oder Orientierungen zu berücksichtigen. Die historische Frage fordert somit lediglich zur Wiedergabe von historischen Sachverhalten auf. Mit Blick auf die gegenwärtige Zielstellung von Geschichtsunterricht (s. Kap. 2) ließe sich daher von einer historischen Frage im „weiteren Sinne" sprechen (z.B. Bracke u.a. 2018, 96). Die historische Frage ‚Kann Karl der Große (wirklich) als groß bezeichnet werden?' lässt sich hingegen als historische Frage im „engeren Sinne" ansprechen (ebd.), da sie nicht nur Wissen erster Ordnung (z.B. Zeiten, Ereignisse) einfordert, sondern historische Deutungen bzw. Orientierungen aufgreift, hinterfragt und zur Formulierung einer (eigenen) Position auffordert.

Wie lassen sich historische Fragen entwickeln?

Aus den vorherigen Überlegungen folgt, dass historische Fragen formuliert werden, indem ein Zeitpunkt fokussiert oder Zeitpunkte verbunden werden. Darüber hinaus lassen sich zwei Vorgehensweisen unterscheiden, um historische Fragen zu konkretisieren.

Eine Variante besteht darin, sich an Schreibers (2007) vier Referenzrahmen zu orientieren, auf die historische Fragen bezogen werden können:

1. Inhaltsbezogene Fragen sind auf einen oder mehrere historische(n) Sachverhalt(e) ausgerichtet, z.B. Unterscheiden sich Luthers Positionen von 1517 (und 1521) von denen anderer Kritiker der römischen Kirche?
2. Verfahrensbezogene Fragen adressieren historische Prozesse, z.B. Folgte Luther mit seiner Kritik 1517 dem ihm vorgegeben ‚Dienstweg' der römischen Kirche (und verstieß er 1520, als er dem Papst seine Schrift „Von der Freiheit eines Christenmenschen" widmete, dagegen)?
3. Theoriebezogene Fragen beziehen sich auf geschichtswissenschaftliche Modelle oder Theorien (s. Kap. 4), z.B. Handelte es sich bei Luthers Kritik 1517 (und 1521) um den Versuch einer Reform?
4. Subjektbezogene Fragen dienen der Reflexion von Vorannahmen, z.B. Ist meine Einschätzung Luthers gerechtfertigt (und warum habe ich ihn bisher nicht anders wahrgenommen)?

Werden die genannten Referenzrahmen der Fragen als historische Deutungen oder Orientierungen begriffen, die im Geschichtsunterricht analysiert werden sollten, sind sie, ebenso wie die Kriterien zur Bestimmung des historischen Sachverhalts (s. Kap. 4), als Ausgangspunkt für problemorientierte Fragen geeignet. Bezogen auf das oben genannte Beispiel „Karl der Große" könnten inhaltliche Aussagen von oder zu ihm und seinem Handeln (s. 1.), Verfahren zur Umsetzung seiner Entscheidungen oder allgemein seiner Herrschaft (s. 2.), die Bezeichnung dieser als Grundherrschaft (s. 3.) oder die eigene Wahrnehmung der historischen Person (s. 4.) hinterfragt werden. Abbildung 10 illustriert das Vorgehen für die Entwicklung von theorie- (s.

3.) und verfahrensbezogenen historischen Fragen (s. 2.) am Beispiel der Seßhaftwerdung des Menschen im Neolithikum, das bereits in Kap. 4 eingeführt wurde.

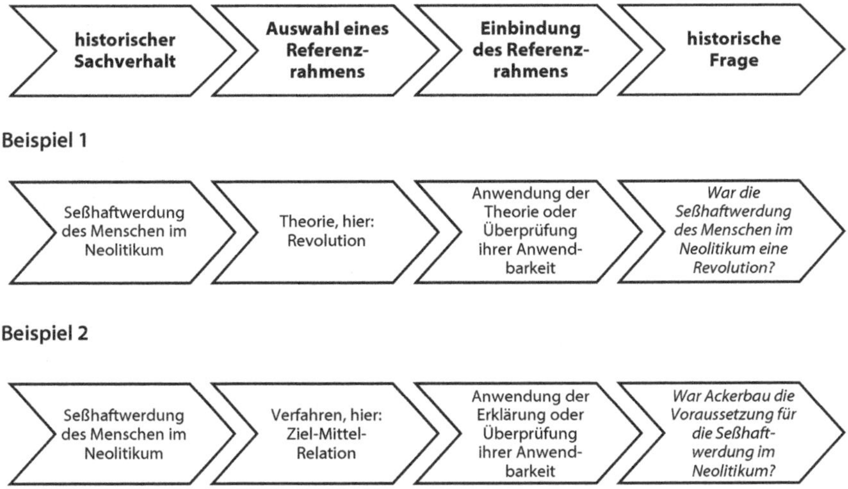

Abb. 8: Entwicklung historischer Fragen mittels Referenzrahmen mit Beispielen zum historischen Sachverhalt „Seßhaftwerdung des Menschen im Neolithikum"

Eine weitere Möglichkeit, historische Fragen zu entwickeln, bietet die Anwendung epistemologischer Prinzipien. Dafür muss kurz der Begriff Prinzipien eingeführt werden, da er in der Geschichtsdidaktik uneinheitlich gebraucht wird (Baumgärtner 2015). Dies mag einerseits damit verbunden sein, dass eine klare Abgrenzung von Unterrichtskonzepten und -prinzipien schwerfällt, andererseits daraus resultieren, dass Prinzipien, die hier als Leitlinien verstanden werden, häufig aufgrund gesellschaftspolitischer Forderungen bzw. Anforderungen an das Unterrichtsfach Geschichte herangetragen und normativ gesetzt wurden. Überblickt man das umstrittene und mehrfach erweiterte Angebot geschichtsdidaktischer Prinzipien, lassen sich drei Zugriffe unterscheiden:

- wissenschaftspropädeutische Verfahren (z.B. Wissenschaftsorientierung, Kompetenzorientierung, Methodenorientierung)
- unterrichtsmethodische Strukturierungskonzepte (z. B. Handlungsorientierung, Problemorientierung, forschend-entdeckendes Lernen, Projektorientierung, Binnendifferenzierung, Lebensweltorientierung, Subjektorientierung)

- epistemologische Prinzipien (z. B. Multiperspektivität, Kontroversität und Pluralität, Personalisierung und Personifizierung, Alterität und Perspektivennachvollzug, Gegenwartsbezug als Ursachen- und Sinnzusammenhang)

Wissenschaftspropädeutische Verfahren und unterrichtsmethodische Strukturierungskonzepte weisen vielfältige allgemeindidaktische und pädagogische Bezüge auf (Demantowsky 2018). Epistemologische Prinzipien basieren hingegen auf Erkenntnisweisen und -möglichkeiten des Fachs Geschichte (orientiert an Buchsteiner u.a. 2017, 7). Ihr besonderes Potenzial für den Geschichtsunterricht hat Klaus Bergmann seit Mitte der 1960er Jahre wiederholt betont und anhand zahlreicher Beispiele illustriert (Bergmann 2016).

In Tabelle 10 wird anhand von Themen beispielhaft demonstriert, wie sich mittels epistemologischer Prinzipien historische Fragen im engeren Sinne entwickeln lassen. Diese Fragen und deren Antworten können darüber hinaus ein Ausgangspunkt sein, die (Il-)Legitimität der jeweils mit ihnen verbundenen Deutungs- bzw. Erzählmuster zu diskutieren oder die Konstruktion von Geschichte(n) anzuregen.

Multiperspektivität	**Merkmal** Betrachtung von mind. zwei zeitgenössischen Sichtweisen auf einen historischen Sachverhalt, die sich in ihren Positionen unterscheiden
	Didaktische Zielsetzung Ableitung der unterschiedlichen (sich u. a. in der Entscheidung für oder gegen Begriffe, wie Frieden, Zerstörung oder moralisch-normative Einschätzungen, wie unsozial, gerecht dokumentierenden) Positionen aus der sozialen, kulturellen, politischen, konfessionellen etc. Gebundenheit derjenigen, die sie vertraten
	Beispiel Kritik an den von Friedrich II. verfügten Freiheiten für hugenottische Einwander*innen seitens Adeliger, die eine – u. a. von bäuerlichen Schichten erhoffte – Ausdehnung der Freiheiten auf alle Einwohner*innen fürchteten
	Ableitung einer zentralen historischen Frage Inwiefern sind unterschiedliche zeitgenössische Positionen zum historischen Sachverhalt durch soziale, kulturelle etc. Prägungen bestimmt? Mit Blick auf Pluralität: ... und inwiefern beeinflusst das meine bzw. unsere gegenwärtige Deutung des historischen Sachverhaltes?
	Historische Frage z. B. Inwiefern ist die Kritik des Adels an den Maßnahmen Friedrich II. gerechtfertigt?

Kontroversität	**Merkmal** Betrachtung von mind. zwei retrospektiven Sichtweisen auf einen historischen Sachverhalt, die sich in ihren Positionen unterscheiden
	didaktische Zielsetzung Ableitung der unterschiedlichen (sich u. a. in der Entscheidung für oder gegen Begriffe, wie Kolonialismus, Absolutismus oder moralisch-normative Einschätzungen, wie unsozial, gerecht dokumentierenden) Positionen aus der sozialen, kulturellen, politischen, konfessionellen etc. Gebundenheit derjenigen, die sie vertraten bzw. vertreten
	Beispiel Lob für die von Friedrich II. verfügten Freiheiten für hugenottische Einwander*innen seitens gegenwärtig für die Integration von Migrant*innen eintretender liberaler Politiker*innen, die eine (u. a. von rechtsextremen Politiker*innen gefürchtete) Benachteiligung deutscher Arbeitnehmer*innen ausschließen
	Ableitung einer zentralen historischen Frage Inwiefern sind unterschiedliche retrospektive Positionen zum historischen Sachverhalt durch politische, konfessionelle etc. Prägungen bestimmt? Mit Blick auf Pluralität: ... und inwiefern beeinflusst das meine bzw. unsere gegenwärtige Deutung des historischen Sachverhaltes?
	Historische Frage z. B. Inwiefern ist die positive Deutung der Maßnahmen Friedrich II. durch liberale Politiker*innen gerechtfertigt?
Personalisierung	**Merkmal** Glorifizierung bzw. Dämonisierung einer (historischen) Person durch die Reduzierung (historischer) Entscheidungen und Handlungen innerhalb eines Ereignisses bzw. Geschehenszusammenhanges auf ebenjene
	Didaktische Zielsetzung Aufdeckung der (sich u. a. in Karikaturen, Liedern und Gedichten dokumentierenden) Reduzierung historischer Sachverhalte auf eine Person als Ausdruck der Glorifizierung bzw. Dämonisierung und Ableitung der Intention, die jeweilige/-n Entscheidung/-en und Handlung/-en auf ebenjene Person zu reduzieren
	Beispiel Die Charakterisierung Bismarcks als „Schmied der deutschen Einheit“ blendet Entscheidungen und Handlungen des deutschen Kaisers, einzelner Militärangehöriger etc. aus, um z. B. die Reichseinigung nicht als monarchisches oder kriegerisches Projekt erscheinen zu lassen.
	Ableitung einer zentralen historischen Frage Inwiefern ist die Reduzierung historischer Sachverhalte auf eine einzelne Person durch politisch, ideologisch etc. motivierte Interessen bzw. Absichten bestimmt?
	Historische Frage z. B. Inwiefern war Bismarck der „Schmied der deutschen Einheit“?

<table>
<tr><td rowspan="5">Personifizierung</td><td>Merkmal
Dämonisierung oder Glorifizierung einer (historischen) Personengruppe durch die generalisierende Reduzierung auf als typische angenommene bzw. bezeichnete Eigenschaften oder Handlungen</td></tr>
<tr><td>Didaktische Zielsetzung
Aufdeckung der (sich u. a. in Karikaturen, Liedern und Gedichten dokumentierenden) generalisierenden Reduzierung als Ausdruck der Glorifizierung bzw. Dämonisierung und Ableitung der Intention, die jeweilige Personengruppe auf die jeweiligen Eigenschaften oder Handlungen zu reduzieren</td></tr>
<tr><td>Beispiel
Die Charakterisierung ‚der' Großgrundbesitzer als reaktionäre „Junker" während der „demokratischen Bodenreform" 1945 in der SBZ blendet divergierende Interessen innerhalb der Gruppe, z. B. hinsichtlich politischer, sozialer und ökonomischer Fragestellungen aus, um z. B. ihre Enteignung und eine Bodenreform zu legitimeren</td></tr>
<tr><td>Ableitung einer zentralen historischen Frage
Inwiefern ist die generalisierende Reduzierung sozialer Gruppen auf bestimmte Merkmale durch politisch, ideologisch etc. motivierte Interessen bzw. Absichten bestimmt?</td></tr>
<tr><td>historische Frage z. B.
Warum wurden Großgrundbesitzer als „Junker" bezeichnet?</td></tr>
<tr><td rowspan="5">(historischer) Ursa chenzusammenhang</td><td>Merkmal
Deutung eines vergangenen Ereignisses oder einer vergangenen Einstellung bzw. Haltung als Ursache eines späteren (vergangenen oder gegenwärtigen) Ereignisses oder einer späteren (vergangenen oder gegenwärtigen) Einstellung bzw. Haltung</td></tr>
<tr><td>Didaktische Zielsetzung
Prüfen, inwiefern ein historischer Sachverhalt bzw. Prozess die Ursache für spätere Begebenheiten darstellt.</td></tr>
<tr><td>Beispiel
Die Deutung der Niederlage der römischen Armee in der Varusschlacht als Ursache des Untergangs des Römischen Reiches blendet soziale und politische Konflikte im Inneren des Reiches aus, um z. B. in Gegenwart und Zukunft militärische Ausgaben oder Reformen zu legitimieren.</td></tr>
<tr><td>Ableitung einer zentralen historischen Frage
Inwiefern ist die Deutung eines vergangenen Ereignisses* als Ursache eines späteren (vergangenen oder gegenwärtigen) Ereignisses etc. durch politisch, ideologisch etc. geprägte Interessen bzw. Absichten motiviert?
* genauso: die Deutung vergangener Einstellungen bzw. Haltungen</td></tr>
<tr><td>Historische Frage z. B.
Inwiefern war die Niederlage der römischen Armee in der Varusschlacht die Ursache für den Untergang des Römischen Reiches?</td></tr>
</table>

<table>
<tr><td rowspan="5">(historischer) Sinnzusammenhang</td><td>Merkmal
Deutung einer vergangenen Handlung oder Haltung als vorbildlich oder als mahnendes Beispiel, das mit Blick auf eine als vergleichbar bezeichnete spätere (vergangene oder gegenwärtige) Situationen entsprechende Handlungen oder Haltungen (de-)legitimieren soll</td></tr>
<tr><td>Didaktische Zielsetzung
Aufdeckung der (selbst oder u. a. in historischen Darstellungen und politischen Reden vorgenommen) Charakterisierung einer vergangenen Handlung etc. als vorbildlich oder als mahnendes Beispiel als eine mögliche (!) Deutung und Ableitung der Intention, gerade diese vergangene Handlung etc. als vorbildlich oder als mahnendes Beispiel zu deuten</td></tr>
<tr><td>Beispiel
Mit Verweis auf den Einsatz von Söldnertruppen des Dreißigjährigen Krieges lässt sich der Einsatz privater Sicherheitsfirmen in gegenwärtigen militärischen Konflikten, z. B. im Jemen kritisieren; gleichzeitig kann der damalige Verzicht auf ein stehendes Heer als vorbildlich gelten, wenn z. B. gegen eine allgemeine Wehrpflicht argumentiert wird.</td></tr>
<tr><td>Ableitung einer zentralen historischen Frage
Inwiefern ist die Übernahme vergangener Handlungsmuster oder Haltungen in einer als vergleichbar angesehenen späteren Situation sinnvoll und die Deutung der Handlung oder Haltung als vorbildliches oder als mahnendes Beispiel durch politisch, ideologisch etc. motivierte Interessen bzw. Absichten bestimmt?</td></tr>
<tr><td>Historische Frage z. B.
Inwiefern ist mit Blick auf die Söldnertruppen des Dreißigjährigen Krieges der Einsatz privater Sicherheitsfirmen in heutigen militärischen Konflikten sinnvoll?</td></tr>
<tr><td rowspan="5">Alterität und Perspektivennachvollzug</td><td>Merkmal
Historisierung der (eigenen) gegenwärtigen Wahrnehmung vergangener Einstellungen bzw. Haltungen, Entscheidungen und Handlungen mittels Nachvollzug sowohl der Perspektive des ‚Anderen' als auch der eigenen bzw. gegenwärtigen Sozialisation</td></tr>
<tr><td>Didaktische Zielsetzung
Wahrnehmung und (historische) Erschließung von Alteritätselementen in vergangenen Einstellungen bzw. Haltungen, Entscheidungen und Handlungen durch Nachvollzug der Perspektive des ‚Anderen' und Historisierung gegenwärtiger Deutungen des ‚Anderen' durch Nachvollzug der eigenen bzw. gegenwärtigen Sozialisation</td></tr>
<tr><td>Beispiel
Die Wahrnehmung des Stratordienstes in der bildlichen Darstellung des Sachsenspiegels von 1375 als Hilfestellung beim Besteigen eines Pferdes lässt vermuten, dass für die Schüler*innen sowohl Mitra und Krone als auch die rituelle Bedeutung des Aktes als „Selbstdemütigung" (Weinfurter 2002) Alteritätselemente darstellen. Das Medium wird wahrscheinlich aufgrund fehlender historischer Bezüge mithilfe alltäglicher Erfahrungen (z. B. zur Kirche, zum Reitsport) gedeutet.</td></tr>
<tr><td>Ableitung einer zentralen historischen Frage
Inwiefern ist die eigene bzw. gegenwärtige Wahrnehmung vergangener Einstellungen bzw. Haltungen, Entscheidungen und Handlungen historisch und kulturell bestimmt?</td></tr>
<tr><td>Historische Frage z. B.
Inwiefern ist meine bzw. die gegenwärtige Wahrnehmung des Stratordienstes historisch gerechtfertigt?</td></tr>
</table>

Tab. 10: Epistemologische Prinzipien, daraus abgeleitete und auf Beispiele bezogene historische Fragen, orientiert an Bergmann 2016; Buchsteiner u. a. 2017; Buchsteiner/Lorenz 2019

In der Literatur wird zudem betont, dass die Entwicklung historischer Fragen ein zyklischer Prozess ist (z.B. Logtenberg, 2012). Dabei bilden nicht nur die dargestellten Referenzrahmen oder epistemologischen Prinzipien den Ausgangspunkt. Vielmehr kann ebenfalls die Auseinandersetzung mit dem historischen Sachverhalt, den historischen Medien oder historischen Problemen zu historischen Fragen führen. Auf eine Konkretisierung der letztgenannten Zugriffe wird hier jedoch verzichtet; dies erfolgt im Zusammenhang mit Stundeneinstiegen (s. Kap. 8).

Ist mit der historischen Frage zugleich das Ziel der Geschichtsstunde bestimmt?

Insbesondere in der ersten und zweiten Phase der Lehrpersonenausbildung wird die Ausformulierung von inhaltsbezogenen Stundenzielen gefordert. Eine Möglichkeit, ein solches Stundenziel zu formulieren, besteht darin, die entwickelte historische Frage in einen Aussagesatz zu überführen und mit einem passenden Operator (s. Kap. 10) zu kombinieren.

Beispiel

Historische Frage: Inwiefern ist meine bzw. die gegenwärtige Wahrnehmung des Stratordienstes historisch gerechtfertigt?

Stundenziel: Die Schüler*innen beurteilen, inwiefern ihre bzw. die gegenwärtige Wahrnehmung des Stratordienstes historisch gerechtfertigt ist.

Zu solchen inhaltlichen Zielen werden häufig operationale Stundenziele gefordert, die an den einzelnen Stundenphasen (s. Kap. 7) ausgerichtet und auf die verwendeten Medien (s. Kap. 9), die damit verbundenen Aufgaben (s. Kap. 10) und die vorgesehenen Aktions- und Sozialformen bezogen sind (s. Kap. 11).

Praxisbeispiel 5: Historische Fragen entwickeln und Ziele der Geschichtsstunde ableiten

Planungssituation

Eine angehende Lehrperson wird von ihrer Mentorin aufgefordert, die nächste Stunde in einer 7. Klasse zu übernehmen. Zur ersten Orientierung blickt sie in den Lehrplan, in dem der Absolutismus als obligatorisches Thema vorgegeben ist. Vorgeschlagen wird, die absolutistische Herrschaftsform, das höfisches Leben und den Zusammenhang zur Aufklärung zu thematisieren. Im Zuge der Bestimmung *historischer Sachverhalte* (s. Kap. 4) entschied sie sich bereits dazu, den Absolutismus als Herrschaftsform zu thematisieren. Um die Stunde geschichtswissenschaftlich abzusichern, informiert sich die angehende Lehrperson zunächst über gängige Absolutismus-Theorien. Sie erfährt, dass historische Herrschaftsformen wie die von Ludwig XIV. in Frankreich während des 17. Jahrhunderts zwar als absolutistisch bezeichnet werden, aber keineswegs von einem absoluten Gewaltmonopol bestimmt waren, wie der Begriff „Absolutismus" im Alltagsverständnis nahelegt. Der Begriff sei das Resultat bürgerlicher Propaganda des 19. Jahrhunderts, um Monarchien zu diskreditieren. Unstrittig erscheint es hingegen, dass sich die Monarchien in Zentraleuropa während des 17. und 18. Jahrhunderts häufig bemühten, ihren Einfluss auf gesellschaftliche Strukturen (Ständevertretungen, Stadträte, Dorfversammlungen usw.) zu vergrößern (z. B. Durchhardt 2007; Duchhardt/Schnettger 2015).

Planungsfrage

Welche historische Frage soll hinsichtlich welcher Referenzrahmen oder welcher epistemologischen Prinzipien im Zentrum stehen?

Entscheidungsmöglichkeiten

Die angehende Lehrperson bemerkt, dass sich der Gegensatz zwischen Alltagsverständnis und geschichtswissenschaftlichem Verständnis für eine historische Frage anböte, die hinsichtlich des Referenzrahmens Theorie (s. S. 46) eine Einführung des Begriffs „Absolutismus" und eine Diskussion seiner Übertragbarkeit auf europäische Herrschaftsformen des 18. Jahrhunderts ermöglicht.

Beim anschließenden Blick in ein Lehrbuch fällt ihr sofort das Porträt Ludwig XIV. aus dem Jahr 1701 auf. Einzelne Bildelemente, z. B. die Absatzschuhe, die Pose und das geschminkte Gesicht erscheinen ihr geeignet, das epistemologische Prinzip der Alterität für eine historische Frage zu nutzen. Da sie die Klasse aber noch zu wenig kennt, um einschätzen zu können, was die Schüler*innen als Alteritätselemente wahrnehmen, entscheidet sie sich dagegen, prüft aber weitere epistemologische Prinzipien. Hinsichtlich der Personalisierung fällt ihr erneut der Zweifel an der Angemessenheit des Begriffs Absolutismus auf. Daraus ließe sich die historische Frage entwickeln, inwiefern die*er Monarch*in den Staat und dessen Handeln lenkte.

Entscheidung und Ausblick

Die angehende Lehrperson beschließt daher, den Gegensatz zwischen Alltags- und geschichtswissenschaftlichem Verständnis in der Geschichtsstunde zu thematisieren. Um die Diskrepanz für die Schüler*innen zuzuspitzen, formuliert sie die *Stundenfrage*: Der Absolutismus – eine uneingeschränkte Herrschaft? Anschließend formuliert sie das *Stundenziel*: Die Schüler*innen beurteilen, inwiefern Absolutismus eine uneingeschränkte Herrschaft bezeichnet.

Da die angehende Lehrperson die Erfahrung gemacht hat, dass die *historischen Fragen* der Stunde zu den weiteren Planungsaspekten passen müssen, prüft sie, welchen Einfluss die *historische Frage* auf die Anordnung der *historischen Sachverhalte* (s. Kap. 5), die Wahl der *Medien* (s. Kap. 9) und die Formulierung der *Aufgaben* (s. Kap. 10) hat. Zudem nimmt sie sich vor, die abschließende Festlegung der *historischen Frage* der Stunde von der Wahl der *Medien* abhängig zu machen.

Literatur

Duchhardt, Heinz 2007: Der Sonne gleich? Absolutismus und Absolutismusdiskussion. In: Praxis Geschichte, Jg. 20, Heft 4, 4–8.

Duchhardt, Heinz/Schnettger, Matthias 2015: Barock und Aufklärung, De Gruyter Oldenbourg.

7. Die Geschichtsstunde phasieren und Teilziele ableiten

Aus der Allgemeinen Didaktik ist das klassische Phasenmodell Einstieg, Erarbeitung und Auswertung bekannt. Im folgenden Kapitel erläutern wir, wie das Konzept für den Geschichtsunterricht adaptiert werden kann, um historisches Denken zu fördern. Dazu wird das Verhältnis zwischen den historischen Denkoperationen (s. Kap. 2) und den Phasen einer Geschichtsstunde dargestellt und anhand eines Praxisbeispiels erläutert.

Welche geschichtsdidaktischen Phasenmodelle werden diskutiert?

Seit dem 19. Jahrhundert liegen Modelle vor, die (fachspezifisches) Lehren und Lernen als Prozess strukturieren und dadurch zu organisieren versuchen (Pandel 2011, 578 f.). In der deutschsprachigen Geschichtsdidaktik wurden Phasierungen der Psychologie, Pädagogik und Allgemeindidaktik adaptiert (z.B. Rohlfes 1974; Handro 2018; Thünemann 2018) sowie eigene Modelle entwickelt (Schlegel 1964; Jeismann 1974, 133; Loch/Wagner 1976; Süssmuth 1980; Niemetz 1984; Hug 1985; Kuhn 1992; Huhn 1994; Uffelmann 1998; Sauer 2013; Reeken 2010; Pandel 2011; Barsch/Dziak-Mahler 2014; Peters 2014), die in unterschiedlicher Differenzierung historische Denkoperationen (s. Kap. 2) fokussieren (s. Tab. 11).

historische Denkoperationen/ Phasen	Jeismann 1974	Hug 1985	Kuhn 1992	Pandel 2011	Peters 2014
Erkenntnisinteresse(n) formulieren			Hypothesenbildung	Historische Frage Heuristik	Kontingenzerfahrung Historische Frage Heuristik
Medien analysieren	Untersuchung	historische Sachverhalte ermitteln	Aufklärung	Darstellung	Analyse und Deutung
Deutung(en) konstruieren	Deutung und Historisierung (Sachurteil)	historische Beziehungen herstellen	Überprüfung der Hypothese und …	narrative Erklärung	Präsentation
historisch Orientieren	Positionierung mit Blick auf Gegenwart und Zukunft (Werturteil)	Geschichtliches generalisieren und individualisieren	… Erschließung möglicher Handlungsoptionen		Diskussion

Tab. 11: Synthese historischer Denkoperationen und geschichtsdidaktischer Phasenmodelle

Allen Modellen gemeinsam ist der Versuch eine Struktur anzubieten, die der „Logik der Erkenntnisweise“ entspricht, Interesse bei den Schüler*innen weckt und einen Spannungsbogen erzeugt, der sie motiviert, sich innerhalb eines spezifischen zeitlichen Rahmens mit einem historischen Sachverhalt auseinanderzusetzen (Pandel 2011, 577).

Um den Zusammenhang zu den einzelnen historischen Denkoperationen zu verdeutlichen, plädieren wir für eine Benennung der Phasen entsprechend der dort jeweils adressierten historischen Denkoperation (s. Kap. 2). Bei der ersten Phase, die auf die Formulierung des Erkenntnisinteresses zielt, greifen wir jedoch auf die Dreiteilung durch Peters (2014) zurück, da diese sowohl den Ausgangspunkt und deren Einfluss auf das Erkenntnisinteresse berücksichtigt als auch die Bedeutung der Entscheidung für oder gegen Medien und Erkenntnisverfahren betont (s. Kap. 8). Da Geschichtsstunden weder zwangsläufig mit einer Argumentation noch mit einer Orientierung für Gegenwart und Zukunft enden müssen, fassen wir die Bereiche „Deutungen konstruieren“ und „historisch Orientieren“ (s. Kap. 2.) unter dem Oberbegriff „Narrativierung“ zusammen. Abbildung 9 illustriert das entsprechende Phasenmodell.

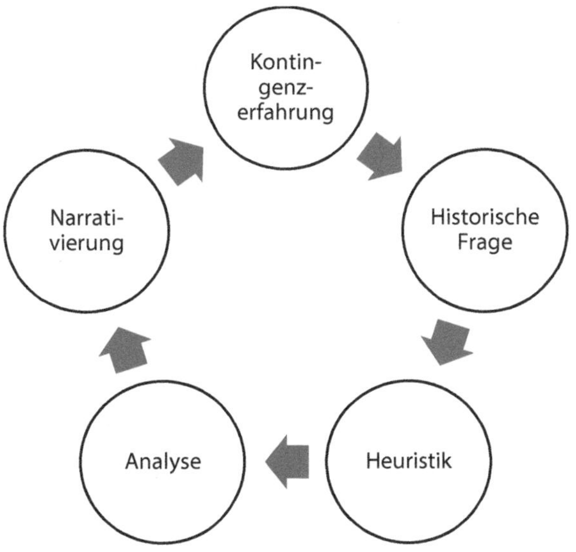

Abb. 9: Strukturmodell einer Geschichtsstunde

Welche Schritte helfen bei der Planung der einzelnen Phasen?

Durch die Orientierung an den historischen Denkoperation lassen sich in Bezug auf die jeweiligen Phasen Fragen formulieren, die Teilschritte sichtbar machen und damit eine Hilfestellung bei der Planung sein können. Tabelle 12 verdeutlicht dies beispielhaft an einer Stunde zu Karl dem Großen.

Frage(n) bei der Planung der Phase	Umsetzung am Beispiel Karls des Großen
Kontingenzerfahrung	
Wie schaffe ich es, dass die Schüler*innen eine Differenz zwischen • Handlungszielen und -möglichkeiten in der Vergangenheit bzw. Gegenwart, • unterschiedlichen Quellen bzw. Darstellungen, • historischen Deutungen und Orientierungen, • Medienaussagen und dem eigenen historischen Vorwissen oder • dem methodischen Vorwissen und geeigneten Zugriffen zur Lösung des Problems bzw. zur Beantwortung der historischen Frage erkennen? (s. Kap. 8)	Die Schüler*innen erkennen z. B. anhand von Auszügen aus dem Aachener Karlsepos (Brockmann 1966) und der Darstellung des Historikers Johannes Fried (2013) eine Differenz in der historischen Deutung Karls des Großen (z. B. „Held" vs. „Gewaltherrscher").
historische Frage	
Wie lautet die historische Frage der Unterrichtsstunde? (s. Kap. 6)	Die Schüler*innen formulieren oder notieren z. B. „Kaiser Karl – Held oder Gewaltherrscher?"
Heuristik	
Welche Teilfragen ergeben sich aus der historischen Frage und welche Materialien sind zu ihrer Beantwortung nötig? Sollen erste Antwortvermutungen als Hypothesen formuliert werden? Möchte ich die Teilfragen und das Material, zur Beantwortung der historischen Frage vorgeben oder mit den Schüler*innen gemeinsam bestimmen? (Selbstverständlich können ebenfalls thematische Strukturierungsverfahren, Lehr-Lern-Formen etc. gemeinsam mit den Schüler*innen bestimmt werden.)	Die Schüler*innen erhalten oder entwickeln 1. Teilfragen, z. B. Wer war Karl der Große? Was ist ein Gewaltherrscher? Welche Maßnahmen hat er ergriffen? Wie wurde er durch Zeitgenossen wahrgenommen? Welche Aussagen über Vergangenes nimmt Fried in seine Einschätzung auf, welche nicht? Schließe ich mich der Einschätzung Frieds an? 2. erste Antwortvermutungen und 3. recherchieren oder erhalten Materialien, z. B. zeitgenössische Quellen und historische Darstellungen zur Innen- und Außenpolitik Karls des Großen.

Frage(n) bei der Planung der Phase	Umsetzung am Beispiel Karls des Großen
Analyse	
Welche Analyseschritte und -aspekte (s. Kap. 2 und Kap. 9) ergeben sich aus den in der Heuristik getroffenen Entscheidungen und welche in den Medien enthaltenen Aussagen über Vergangenes sind für die Beantwortung der historischen Frage relevant? Möchte ich Kriterien vorgegeben, die den Schüler*innen helfen, • die relevanten Aussagen zu bestimmen? • die Merkmale des/der mit der Deutung verbundenen Begriff/-e zu bestimmen? Welche Aussagen über Vergangenes belegen die historische Deutung, welche widerlegen sie?	Die Schüler*innen 1. erhalten oder bestimmen ggf. Kriterien zur Erschließung des Materials, z. B. politische Stellung Karls des Großen, Maßnahmen Karls des Großen, Merkmale eines Gewaltherrschers. 2. entnehmen aus den Materialien Informationen über Vergangenes, z. B. zur politischen Stellung Karls des Großen im Verfassungsgefüge des Reiches und gegenüber anderen Herrscher*innen (in Europa), zu den Ursachen politischer Entscheidungen Karls des Großen, den entsprechenden Maßnahmen und deren Folgen. Die Schüler*innen bestimmen den Begriff Gewaltherrscher und ordnen ihre aus der Analyse gewonnenen Informationen 1. z. B. der historischen Deutungen durch Fried zu, z. B. Hinrichtung von 4.500 Sachsen bei Verden auf Befehl Karls des Großen = Gewaltherrscher 2. anderen Positionen zu, um die historische Frage zu beantworten, z. B. die Deutung Frieds stimmt nicht = Karl der Große erfüllte seine Pflichten als christlicher Herrscher, stimmt = Karl der Große negierte christliche Werte, wendete in unverhältnismäßigem Maße Gewalt an und gefährdete damit das Reich, stimmt in Teilen = Karl der Große wendete stellenweise Gewalt an
Narrativierung	
Wie schaffe ich es, dass die Schüler*innen die Aussagen über Vergangenes z. B. als Argumente gebrauchen, diese gewichten und als Beleg(e) ihrer Positionierung nutzen? (s. Kap. 3)	Die Schüler*innen 1. gewichten die Aussagen über Vergangenes quantitativ (z. B. die meisten Aussagen sprechen für den Begriff Gewaltherrscher) oder qualitativ (z. B. die Anwendung von Gewalt wiegt für sie schwerer als die Errichtung von Kirchen etc., ein Historiker ist für sie glaubwürdiger als ein Chronist). 2. formulieren ein Urteil zur historischen Frage, z. B. Die Einschätzung Frieds ist angesichts der von Karl dem Großen zu verantwortenden Gewalttaten gerechtfertigt oder: Die Einschätzung Frieds ist angesichts der vergleichsweise geringen Anzahl an Massakern und damaliger Einstellungen zu Gewalt nicht gerechtfertigt.

Tab. 12: Phasenmodell als Planungsmatrix mit einem Beispiel zum historischen Sachverhalt „Die Regentschaft Karls des Großen".

8. Einstiege für historisches Lernen inszenieren

Das folgende Kapitel thematisiert, wie Schüler*innen in der Phase des Einstiegs angeregt werden können, historische Fragen zu entwickeln. Zunächst verdeutlicht ein Überblick die (geschichts-)didaktisch diskutierten Funktionen. Anschließend werden Formen und Phasierungsmöglichkeiten vorgestellt, wobei insbesondere auf medienanalytische und problemorientierte Einstiege eingegangen wird.

Welche Funktion haben Einstiege für Geschichtsstunden?

Organisatorisch dienen Stundeneinstiege der Eröffnung einer Unterrichtslektion zu einem vorgegebenen Zeitpunkt. Aus einer allgemeindidaktischen Perspektive haben sie die Funktion, an die Interessen der Lernenden oder ihre Vorerfahrungen (z.B. Vorwissen, Lernstände und Beliefs) anzuknüpfen, die Bedeutung des Unterrichtsthemas hervorzuheben oder die Arbeit an neuen Gegenständen vorzubereiten, um die Motivation der Schüler*innen anzuregen. Zudem dienen Einstiege der Wiederholung von zuvor Behandeltem, der Zielformulierung für die nachfolgenden Unterrichtsphasen und der Reflexion der damit verbundenen Abläufe. Daneben können sie eine Erziehungsfunktion erfüllen, wenn sie dazu dienen, die Lernenden zu beruhigen oder zu disziplinieren (vgl. Schneider 2017).

In der geschichtsdidaktischen Literatur sind Einstiege seit Beginn der 1970er Jahre ein Thema. Während Ebeling (1966) in seiner geschichtsmethodischen Einführung noch ohne Überlegungen zum Einstieg auskommt, stellen Fina (1973) und Glöckel (1973) im Rahmen von Unterrichtsvorschlägen Einstiegsvarianten beispielhaft vor; allerdings ohne strukturelle oder funktionale Überlegungen. Rohlfes (2005) greift in seiner seit 1971 mehrfach erweiterten Geschichtsdidaktik auf allgemeindidaktische Überlegungen zurück. Sauer (2013) systematisiert in seiner seit 2001 mehrfach überarbeiteten Einführung die Überlegungen Schneiders (2017) und unterscheidet emotionale (Motivation, Beruhigung) und kognitive Funktionen (Anknüpfung an Vorerfahrungen und Gelerntem, Problematisierung durch kognitive Dissonanz) des Einstiegs.

Wie lassen sich frageorientierte Einstiege im Geschichtsunterricht gestalten?

Historische Fragen lassen sich aus unserer Sicht auf drei unterschiedliche Arten anregen. Zum einen können die Schüler*innen aufgefordert werden, solche Fragen zum Thema der Stunde oder zu einem Medium zu formulieren, die ihnen spontan in den Sinn kommen. Diese offene Option kann dazu führen, dass Lernende Fragen stellen, die mithilfe der ausgewählten Medien nicht beantwortet werden können oder zu denen die Quellenlage schlecht ist. Dies ließe sich indes entweder nutzen, um (Online-)Recherchen zu initiieren oder die Grenzen geschichtswissenschaftlicher Erkenntnis zu diskutieren (s. Kap. 2, 3).

Die zweite Möglichkeit ist stärker gelenkt und besteht darin, die Schüler*innen aufzufordern, ein Medium unter dem Aspekt Deutung zu analysieren (s. Kap. 9), um anschließend (als Lehrperson) die erschlossene Deutung des historischen Sachverhalts in Frage zu stellen: Stimmt das so? Warum wird das hier so dargestellt? Um dies zu erleichtern, empfiehlt es sich (zunächst) solche Medien wie Karikaturen, Plakate oder Lieder anzubieten, die in der Darstellung übertriebene bzw. fiktive Elemente nutzen, da so erkennbar wird, dass es sich so wie dargestellt nicht ereignet haben kann. Davon ausgehend lässt sich leicht die Frage formulieren, warum eine derartige Deutung vorgenommen oder die mediale Form gewählt wurde usw. Diese Option erscheint uns insbesondere dann sinnvoll, wenn ein reflexiver Umgang mit Medien und deren Vergangenheitsdeutungen im Fokus der Stunde steht oder im Einstieg bei den Schüler*innen das Bedürfnis angeregt werden soll, Geschichtsschreibung zu hinterfragen (Peters 2014).

Die dritte Möglichkeit ist mit dem unterrichtsmethodischen Strukturierungskonzept der Problemorientierung verknüpft (s. Kap. 6). Problemorientierte Einstiege werden seit den 1970er Jahren von Geschichtsdidaktiker*innen thematisiert. Dabei werden Probleme überwiegend in Anlehnung an die Psychologie aufgefasst. Demnach gelten solche Zustände für Menschen als problematisch, in denen sie den Weg nicht kennen, um ein Ziel zu erreichen. Dabei kann es sich sowohl um das Verfolgen eigener Wünsche handeln als auch um Aufgaben, die vom sozialen Umfeld gestellt werden oder aus Umwelteinflüssen resultieren. Probleme sind dadurch charakterisiert, dass sie sich nicht mithilfe von Routinen lösen lassen und als fragwürdig gelten (Kipman 2018). Für die Planung einer Geschichtsstunde bedeutet dies, dass Probleme einerseits soziokulturell gerahmt sind, sodass sie sich mithilfe von Aufgaben (s. Kap. 10) adressieren lassen (Monte-Sano/De La Paz 2012). Andererseits kann jedoch nicht angenommen werden, dass die Schüler*innen inszenierte Probleme als solche wahrnehmen und entsprechende historische Fragen formulieren, da Probleme als fragwürdig erkannt werden müssen (Heuer 2021). In der Literatur zu problemorientierten Einstiegen spielen folglich Überlegungen hinsichtlich geeigneter Phasierungen zur Anbahnung historischer Fragen eine wesentliche Rolle.

Hug (1985, 104f.) charakterisiert den problemorientierten Einstieg als Phase der „Motivation und Problemstellung". Er untergliedert ihn in einen „Meinungsaustausch in der Klasse", um thematische „Erwartungen" zu bündeln, eine „Problembestimmung", um „Fragen zum Thema [zu] formulieren" und ein „Planungsgespräch" zur Erörterung des Unterrichtsvorgehens. Uffelmann (1990, 147) hingegen spricht von einer „Problemfindung". In dieser Phase sollen die Schüler*innen entweder anhand ihrer Vorerfahrungen eine historische Frage formulieren oder gemeinsam mit den Lehrenden entwickeln. In beiden Fällen wird das ‚historische Problem' mit der ‚historischen Frage' gleichgesetzt, ohne dass deutlich wird, wie sich problemorientierte Fragen konstruieren lassen.

Pandel (2013, 402f., 411) plädiert bei der „Umsetzen eines Problems" in eine Frage dafür, nicht „Fragen der Geschichtsforschung", sondern „gesprächseröffnende Fragen" zu fokussieren, die mit geschichtsdidaktischen Dimensionen bzw. Kategorien (z.B. Kontinuität und Wandel) oder fachwissenschaftlichen Theorien verknüpft werden (s. Kap. 4). In einer anschließenden Phase, die er als „Heuristik" bezeichnet, überführen die Schüler*innen (gemeinsam mit der Lehrperson) die „gesprächseröffnende[n] Fragen in methodische Leitfragen", die auf den Forschungsstand, die Materialrecherche oder die Arbeitsplanung ausgerichtet sind. Während Thünemann (2018, 265) diese beiden Phasen unter dem Begriff „Heuristik" subsumiert, schlägt Peters (2014, 106) vor, zusätzlich eine „Kontingenzerfahrung" zu planen, die dem Sammeln historischer Fragen der Lernenden sowie der Planung der Beantwortung der Frage(n) vorrausgeht. Als Kontingenzerfahrung bezeichnet Peters in Anlehnung an Gautschi (2009) solche Situationen, in denen die Schüler*innen „Alteritäten und/oder Differenzen zwischen Gegenwart und Vergangenheit entdecken" und „für den weiteren Unterricht motiviert werden" (Peters 2014, 106).

Die vorgestellten Ansätze legen nahe, dass sich frage- und problemorientierte Einstiege in eine idealtypische Abfolge bringen lassen, die historisches Denken unterstützt (s. Kap. 2, 7):

1. (Kontingenzerfahrung zur) Wahrnehmung historischer Probleme
2. Konstruktion der historischen Frage(n) zur Problemformulierung und
3. Heuristik: Formulierung erster Vermutungen sowie Planung der Problemlösung.

Anhand der geschichtsdidaktischen Literatur lassen sich vier Ansätze der Probleminszenierung unterscheiden. Probleme, die auf Vergangenheit und Geschichte(n) verweisen, ergeben sich aus einer Differenz zwischen

- individuellen bzw. gesellschaftlichen Handlungszielen und -möglichkeiten in der Vergangenheit (Barricelli 2011),
- individuellen bzw. gesellschaftlichen Handlungszielen in der Gegenwart und zukünftigen Handlungsmöglichkeiten, die auf Vergangenes bezogen werden (Bracke u.a. 2018; Gautschi 2009; Körber u.a. 2007),
- historischen Aussagen in unterschiedlichen Quellen oder solchen in Quellen und Darstellungen (Barricelli 2011),
- historischen Deutungen und Orientierungen (Buchsteiner/Düwel 2021; Bracke u.a. 2018; Gollin/Nitsche 2019; Barricelli 2011),
- historischen Aussagen, die in Medien fassbar sind, und dem historischen Vorwissen der Schüler*innen (Logtenberg 2012),
- dem methodischen Vorwissen der Schüler*innen und geeigneten Zugriffen zur Lösung des Problems bzw. zur Beantwortung der historischen Frage (Logtenberg 2012).

In Tabelle 13 sind Ansätze und Inszenierungsmuster problemorientierter Einstiege am Bsp. der „Spanischen Grippe“ am Ende des Ersten Weltkrieges zusammengefasst.

Differenz zwischen ...	**Phase 1: Kontingenzerfahrung**	**Phase 2: Konstruktion der historischen Frage(n)**	**Phase 3: Heuristik zur Sammlung von Antwortvermutungen und Planung der Problemlösung**	
... individuellen bzw. gesellschaftlichen Handlungszielen und Handlungsmöglichkeiten in der Vergangenheit	Aufzeigen, dass die Menschen und Behörden zu Beginn der zweiten Welle der Spanischen Grippe im Herbst nicht wussten, wie sie Handeln sollten z.B. anhand von Tagebüchern, Verordnungen von Behörden	z.B. Waren die Menschen der Spanischen Grippe zum Ende des Ersten Weltkrieges schutzlos ausgeliefert?	z.B. Nein, weil sie ähnlich Maßnahmen wie während der Corona-Pandemie hätten ergreifen können.	z.B. Recherche zeitspezifischer Maßnahmen, der Gründe für den Umgang mit der Spanischen Grippe, Kontextualisierung der Maßnahmen im Kontext des Ersten Weltkrieges
... individuellen bzw. gesellschaftlichen Handlungszielen in der Gegenwart und zukünftigen Handlungsmöglichkeiten, die jedoch auf Vergangenes bezogen werden	Aufzeigen, dass die Menschen vor 100 Jahren vor einem ähnlichen Problem standen, z.B. über einen Abgleich zwischen Verordnungen zu Corona-Pandemie und Spanischer Grippe	z.B. Waren die Einschränkung von Grundrechten während der Corona-Pandemie eine historische Notwendigkeit?	z.B. Es ist sinnvoll, weil es ‚damals' vielen das Leben rettete.	z.B. Recherche zeitspezifischer Maßnahmen, Zielsetzungen und Normbezüge

Differenz zwischen ...	Phase 1: Kontingenzerfahrung	Phase 2: Konstruktion der historischen Frage(n)	Phase 3: Heuristik zur Sammlung von Antwortvermutungen und Planung der Problemlösung	
… historischen Aussagen in unterschiedlichen Quellen oder solchen in Quellen und Darstellungen	Aufzeigen, dass sich die offiziellen Meldungen zur Spanischen Grippe und die Wahrnehmung der Menschen im Deutschen Reich unterschieden, z. B. mittels Vergleiches von Zeitungsberichten und Tagebucheinträgen	z. B. War die Spanische Grippe- nur eine harmlose Influenza?	z. B. Die Spanische Grippe war (k)eine Influenza.	z. B. Recherche der Infektions- und Sterbezahlen sowie weiterer Auswirkungen und Gründe für den Umgang mit der Grippe
… unterschiedlichen historischen Deutungen und Orientierungen	Aufzeigen kontroverser Einschätzungen zum Einfluss der Spanischen Grippe auf die Revolution 1918/19 anhand von historiografischen Urteilen	z. B. Inwiefern ist die These, die Spanische Grippe wurde durch die Revolution begünstigt, zutreffend?	z. B. Sie trifft nicht zu, weil sie die neue Regierung vor noch mehr Probleme stellte.	z. B. Analyse der Perspektive und Intention der historischen Deutung (s. Kap. 9)
… historischen Aussagen, die in Medien fassbar sind, und dem historischen Vorwissen der Schüler*innen	Aufzeigen eines Widerspruchs zwischen Massenaufläufen 1918, um sich zur Spanischen Grippe zu informieren, z. B. durch eine Gegenüberstellung von Fotos und einer Verordnung zur Bekämpfung der Spanischen Grippe 1918	z. B. Wieso gingen die Menschen 1918 massenhaft auf die Straße, obwohl eine Pandemie herrschte?	z. B. Sie hatten damals noch keine Kenntnis über die Infektionswege.	z. B. Recherche zeitspezifischer Wahrnehmungen der Pandemie
… methodischem Vorwissen und geeignetem Vorgehen	Aufzeigen der Grenzen z. B. der Glaubwürdigkeit eines Mediums und ihrer Nutzung als Quelle für das historische Ereignis der Spanischen Grippe	z. B. Inwiefern sind Karikaturen geeignete Quellen, um Aussagen über die Spanische Grippe treffen zu können?	z. B. Sie erlauben keine Aussagen, sie sind Fiktionen.	z. B. Klärung spezifischer Gattungsmerkmale und damit verbundener Aussagemöglichkeiten

Tab. 13: Systematisierung und Strukturierung problemorientierter Einstiege mit Beispielen zur „Spanischen Grippe“

Praxisbeispiel 6: Einstiege für historisches Lernen inszenieren

Planungssituation

Eine Lehrperson an einer Schweizer Kantonsschule möchte, angeregt durch öffentliche Debatten, in ihrer 11. Klasse das Thema „Dekolonialisierung ‚der Welt' nach 1945" behandeln. In einer der Stunden, die sie für das Thema vorgesehen hat, plant sie anhand ausgewählter Beispiele geschichtskulturelle Diskussionen zum Einfluss kolonialer Prägungen in den Blick zu nehmen. Sie formuliert daher folgende *historische Frage* für die Stunde: Inwiefern wirken Kolonialismus und Rassismus in der Schweiz bis heute nach? Zunächst überlegt sie, die Debatte um den „Mohrenkopf" als Bezeichnung einer Süßware eines Schweizer Unternehmens zu thematisieren (Baier 2020). Aufgrund ihrer Erfahrung befürchtet sie jedoch, dass Eltern von Schüler*innen, die der rechtspopulistischen „Schweizer Volkspartei (SVP)" nahestehen, wegen vermeintlicher „politischer Korrektheit" bei der Schulleitung intervenieren könnten. Sie sucht daher nach einem vergleichbaren Sachverhalt. Bei der Recherche stößt sie auf „Globi", die Werbefigur des Schweizer Warenhaus „Globus", deren Abenteuer seit den 1930er Jahren in Bilderbüchern, Comics, Sachbüchern für Kinder, Hörspielen und in einem Film erzählt werden. Seit den 1970er werden die Geschichten aufgrund der Verwendung rassistischer und sexistischer Stereotypen kontrovers diskutiert. Einzelne Comics wurden vor diesem Hintergrund bereits für den Unterricht aufbereitet (Marti/Schär 2015; Purtschert 2012). Aus diesem Set wählte sie zwei Beispiele zu zwei Zeitpunkten aus (s. Abb. 10).

Abb. 10: Globi mit „schwarzen Freunden", links: 1935, rechts: 2007. Aus: Purtschert (2012, 64).

Planungsfragen (s. Tab. 12, S. 54)

Wie schaffe ich es, dass die Schüler*innen eine Differenz zwischen Handlungszielen und -möglichkeiten in der Vergangenheit bzw. Gegenwart, unterschiedlichen Quellen bzw. Darstellungen, historischen Deutungen und Orientierungen, Medienaussagen und dem eigenen historischen Vorwissen oder dem methodischen Vorwissen und geeigneten Zugriffen zur Lösung des Problems bzw. zur Beantwortung der historischen Frage erkennen? Wie lautet die historische Frage der Unterrichtsstunde? Welche Teilfragen ergeben sich aus der historischen Frage und welche Materialien sind zu ihrer Beantwortung nötig? Sollen erste Antwortvermutungen als Hypothesen formuliert werden?

Entscheidungsmöglichkeiten

Die Lehrperson prüft die unterschiedlichen Möglichkeiten zur Gestaltung von problemorientierten Einstiegen der Stunde (s. Tab. 13). Die Inszenierung des Widerspruchs zwischen methodischem Vorwissen und einem geeigneten Vorgehen schließt sie aus, da den Schüler*innen die Analyse von Bildern und Comics bekannt ist. Die Möglichkeit, eine Differenz zwischen individuellen bzw. gesellschaftlichen Handlungszielen und Handlungsmöglichkeiten in der Vergangenheit aufzuzeigen, verwirft die Lehrperson ebenfalls, da sie einen Gegenwartsbezug herstellen möchte. Da es ihr indes nicht darum geht, aktuelle Probleme mit Blick auf vergleichbare Situationen in der Vergangenheit zu lösen, entfällt die Option, die Diskrepanz z. B. zwischen individuellen bzw. gesellschaftlichen Handlungszielen in der Gegenwart zu fokussieren. Eine weitere Option wäre, eine Differenz zwischen dem historischen Vorwissen der Schüler*innen und historischen Aussagen anhand von Medien herzustellen. Dies erscheint der Lehrperson schwierig, da sie unsicher ist, was die Schüler*innen bereits aus dem außerschulischen Kontext kennen. Die Option, einen Widerspruch zwischen historischen Aussagen in unterschiedlichen Quellen aufzuzeigen, erscheint ihr hingegen leicht möglich, da sich aufgrund rassismuskritischer Beiträge die Darstellung einzelner Figuren in den Globi-Comics änderte (s. Abb. 10).

Entscheidung und Ausblick

Die Lehrperson beschließt daher, die Stunde mit der Gegenüberstellung unterschiedlicher Quellen zu beginnen, um eine Kontingenzerfahrung bei den Schüler*innen anzustoßen. Anhand der Bestimmung von Unterschieden und Gemeinsamkeiten plant sie, die Schüler*innen historische Fragen formulieren zu lassen (z. B. Waren die Zeichner der Globi-Bildergeschichten Rassisten? Warum hat sich die Darstellung von Schwarzen im Comic verändert?). Anschließend sollen sie geeignete Wege aufzeigen, um ihre historischen Fragen zu beantworten. Da sich die Lehrperson allerdings unsicher ist, inwiefern es den Schüler*innen gelingt, historische Fragen zu entwickeln und die Beantwortung zu planen, entwickelt sie zugleich eine Alternative, die an den Abgleich der Bilder angeschlossen werden kann, den Einstieg noch stärker lenkt und sich an der Medienanalyse unter dem Aspekt Deutung orientiert (s. Kap. 9). Dafür entnimmt sie dem Artikel des Juristen Andreas Kley in der Zeitschrift „Schweizer Monat" (Kley 2012), den Absatz: „Auch der heutige Globi hat sich [...] nicht wirklich gebessert. Der Globi bei den Nashörnern von 2007 glaubt, die Afrikaner belehren zu müssen, und er tritt als überheblicher Retter auf. Auch darf ein Krimineller nicht fehlen, der natürlich ein Chinese ist, der das „r" nicht aussprechen kann! Wiederum ist der Rassismus mit Händen zu greifen. Globi ist eine einzige rassistische Entgleisung." Anhand des Zitats sollen die Lernenden die Deutung des Autors herausarbeiten, um sie anschließend in Frage zu stellen und so die historische Frage abzuleiten: Inwiefern transportiert(e) Globi koloniales und rassistisches Gedankengut?

Literatur

Baier, Markus 2020: Die „Mohrenkopf"-Debatte in der Schweiz. In: Südkurier, 22. Juni 2020.

Kley, Andreas 2012: Globi, der Kolonialist? In: Schweizer Monat, Heft 1002, Dezember 2012/Januar 2013, 12.

Marti, Philipp/Schär, Bernhard C. 2015: Koloniale Interpretationsmuster in Schweizer Comics. In: Fenske, Uta u. a. (Hg.) 2015: Kolonialismus und Dekolonisation in nationalen Geschichtskulturen und Erinnerungspolitiken in Europa. Module für den Geschichtsunterricht, Peter Lang, Frankfurt/M., 255–264.

Purtschert, Patricia 2012: „De Schorsch Gaggo reist uf Afrika". Postkoloniale Konstellationen und diskursive Verschiebungen in Schweizer Kindergeschichten. In: Purtschert, Patricia u. a. (Hg.): Postkoloniale Schweiz. Formen und Folgen eines Kolonialismus ohne Kolonien, Transcript, Bielefeld, 89–116.

9. Medien auswählen

Im folgenden Kapitel sind zunächst die Begriffe Medien, Quelle und Darstellung sowie Quellenkritik, Quelleninterpretation und Medienanalyse zu klären. Im Anschluss werden Kriterien der Medienauswahl vorgestellt.

Was sind Medien und warum wird in Quelle und Darstellung unterschieden?

Mit Medien kann im Geschichtsunterricht Unterschiedliches gemeint sein. Für den Geschichtsunterricht lassen sich zwei Funktionen nennen: zum einen die Nutzung als Medium historischen Lernens, wobei Bezüge zur Vergangenheit erschlossen werden, um mit deren Hilfe Geschichte(n) zu entwickeln (Buchsteiner u.a. 2018a), zum anderen die Nutzung als Unterrichtsmittel, um Medien zu präsentieren, projizieren, bearbeiten oder anzuordnen (z.B. Lehrbuch, Arbeitsblatt, Tafel). In diesem Kapitel geht es um Medien historischen Lernens, da die Nutzung von Medien als Unterrichtsmittel weniger von geschichts- als von allgemeindidaktischen Kriterien beeinflusst wird. Hier ist auf fächerübergreifende Literatur zu verweisen (z.B. Petko 2019; von Martial/Ladenthin 2002).

Unter Medien historischen Lernens wird alles verstanden, was im Geschichtsunterricht als Quelle oder Darstellung für historisches Lernen (s. Kap. 2) eingesetzt werden kann (Günther-Arndt 2015). Obgleich häufig auf die Bedeutsamkeit der Unterscheidung von Quellen und Darstellungen hingewiesen wird (z.B. Grosch 2003; Rohlfes 1974), sind die Definitionen nicht deckungsgleich. Zusammenfassend lassen sich drei Ansätze der Unterscheidung ausmachen: Der erste geht davon aus, dass ein Medium entweder eine Quelle oder eine Darstellung ist, also nicht beides gleichzeitig sein kann. Quellen sind demnach alle Medien, die zum Gegenstand historischer Forschung werden können, Darstellungen hingegen das Ergebnis historischer Forschung (Droysen 1868; Pandel 1997; Baumgärtner 2015; Pandel 2013). Dieser Ansatz hat den Nachteil, dass geschichtskulturelle Produkte, z.B. Spielfilme oder darstellende Artikel in Zeitungen oder Zeitschriften, unberücksichtigt bleiben oder allenfalls den Quellen zugeordnet werden könnten.

Der zweite Ansatz unterscheidet zwischen Quelle und Darstellung nach der Entstehungszeit. Medien, die zeitnah zum historischen Ereignis entstanden, sind demzufolge Quellen. Als Darstellungen hingegen werden Produkte von „heutigen Historikern, Journalisten oder Dokumentarfilmern" (Pandel 2014, 136) bezeichnet. Bei dieser Unterscheidung lassen sich zwar geschichtskulturelle Produkte zweifelsfrei den Darstellungen zuordnen, dennoch bleiben bei dieser Unterscheidung ebenfalls Fragen offen. So lässt sich z.B. eine wissenschaftliche Darstellung über den Ersten Weltkrieg aus dem Jahr 1961 weder der einen noch der anderen Gruppe zweifelsfrei zuordnen, da zum historischen Ereignis und zur Gegenwart ca. 50 Jahre Abstand bestehen. Die gleiche Unschärfe besteht bei den mitunter genutzten, aber nicht synonymen Begriffen Primär- und Sekundärquelle, die ebenfalls einen zeitlichen Abstand zwischen ihrer Entstehung und dem historischen Sachverhalt suggerieren (van Norden 2020).

Der dritte Ansatz geht davon aus, dass ein Medium sowohl Quelle als auch Darstellung sein kann. Entscheidend für die Bezeichnung als Quelle oder Darstellung ist zunächst, ob die Entstehungszeit eines Mediums und die im Medium dargestellte Zeit identisch sind. Ist dies der Fall, liegt eine Quelle vor. Sind sie es nicht, kann das Medium als Quelle oder Darstellung genutzt werden. Steht die Entstehungszeit des Mediums im Fokus, fungiert das Medium als Quelle. Geht es dagegen um die im Medium dargestellte Zeit, fungiert es als Darstellung (Grosch 2003; Körber 2007; Ammerer 2016).

Medium	Fungiert als Quelle, wenn ...	Fungiert als Darstellung, wenn ...
Fritz Fischer: Griff nach der Weltmacht, Düsseldorf 1961; wissenschaftliche Publikation zum 1. Weltkrieg	... es z. B. um die Frage geht, wie die Kriegsschuldfrage in den 1950er/60er Jahren beantwortet wurde.	... es z. B. um die Frage geht, wer ‚Schuld' am Kriegsausbruch hatte.
Oliver Hirschbiegel: Der Untergang, 2004; dt. Spielfilm über das Ende des 2. Weltkrieges in Deutschland	... es z. B. um die Frage geht, wie Hitler um 2004 dargestellt wurde.	... es z. B. um die Frage geht, wie das Kriegsende in Deutschland verlief.

Tab. 14: Beispiel zur Unterscheidung der Begriffe Quelle und Darstellung nach Grosch 2003; Körber 2007; Ammerer 2016.

Wir folgen dem dritten Ansatz, wonach bei der Auswahl und Betrachtung von Medien danach gefragt werden muss, wie viele Zeitebenen berücksichtigt werden sollen und welche Zeitebene(n) in der konkreten historischen Frage (s. Kap. 6) eine Rolle spielen. Die Unterscheidung in Quelle und Darstellung dient somit nicht dazu, Medien trennscharf in zwei Gruppen einzuteilen. Die aus der Differenzierung in Quelle und Darstellung z.T. erfolgten Ableitungen zum Grad der Objektivität sind ebenfalls zurückzuweisen. Weder sind Quellen aufgrund ihrer zeitlichen Nähe zum Geschehenen noch Darstellungen aufgrund der zeitlichen Distanz per se vertrauenswürdiger (van Norden 2020).

Für die Planung einer Geschichtsstunde erscheint es sinnvoll, Quellen und Darstellungen ausgewogen zu berücksichtigen, um die Bedeutsamkeit der Entstehungszeit zu verdeutlichen sowie den Fehlkonzepten zu begegnen, Quellen seien glaubwürdiger als Darstellungen oder umgekehrt Darstellungen objektiver als Quellen (s. Kap. 3).

Wozu und wie soll(t)en Medien im Geschichtsunterricht genutzt werden?

Bei der Suche nach einer Antwort auf diese Frage finden sich wiederum zahlreiche Begriffe: Quellenkritik, Quelleninterpretation, Quellenanalyse, Sach(verhalts)analyse, Erschließungs- und Interpretationskompetenz, Gattungskompetenz, Re-Konstruktion und De-Konstruktion. Hinsichtlich der historischen Denkoperationen, die sich auf Quellen und Darstellungen beziehen (s. Kap. 2), kommen Medien in Geschichtsstunden zwei Funktionen zu: Lernende entwickeln mit Medien konfrontiert historische Fragen oder formulieren mithilfe von Medien Antworten auf historische Fragen.

Um in Auseinandersetzung mit Medien (eigene) historische Fragen zu entwickeln, nutzen Lernende vermutlich zahlreiche Wege. Aus sozioempirischen Studien ist bekannt, dass je nach Vorwissen und Voreinstellungen Medien anders wahrgenommen und gedeutet werden (z.B. Köster 2013, Martens 2010) und historische Fragen z.B. dann entstehen können, wenn Widersprüche zwischen Medien und dem eigenen Vorwissen oder Widersprüche zwischen Medien bemerkt werden (s. Kap. 8).

Bei der Beantwortung historischer Fragen mittels Medien wird vielfach davon ausgegangen, dass ein Prozess durchlaufen werden muss, der sich an der historischen Methode orientiert und sich aus einer äußeren und inneren Quellenkritik sowie der Quelleninterpretation zusammensetzt (Pandel 2006). Diese Annahme hat in der Formulierung von sogenannten Leitfäden seinen Widerhall gefunden. Diese Leitfäden, die mittlerweile viele Geschichtslehrbücher anbieten, suggerieren, dass die Analyse bzw. Interpretation von Quellen und Darstellungen in einem schematischen und schrittweisen Ablauf von Tätigkeiten erfolgt. Häufig beginnen sie mit der Wiedergabe der formalen Merkmale wie Autor, Entstehungszeit oder

Gattung. Dieses Prinzip wird jedoch in denselben Lehrbüchern wenige Seiten davor oder danach verworfen, wenn zu einem anderen Medium Aufgaben gestellt werden, die nicht zu den Leitfäden passen (Buchsteiner u.a. 2018a).

Tatsächlich dürften je nach historischer Frage andere Tätigkeiten benötigt werden, die wiederum mittels spezifischer Aufgaben angeleitet werden müssen. Wenn z.B. mittels einer Schulbuchkarte zur Ausbreitung des Menschen in der Ur- und Frühgeschichte die Frage beantwortet werden soll, welche Wanderungsbewegungen es gab, ist die Wiedergabe der formalen Merkmale nicht relevant. Sollen dagegen zwei Schulbuchkarten zum selben historischen Sachverhalt miteinander verglichen und Gründe für die unterschiedliche Darstellung erschlossen werden, sind Angaben zu Autor*in und Entstehungszeit notwendig und die ‚formalen Merkmale' ein relevanter Aspekt der Betrachtung. Aus diesem Beispiel lässt sich schlussfolgern, dass je nach historischer Frage mehrere Aspekte eines Mediums in den Blick genommen werden müssen. Der Begriff Analyse, den die Einheitliche Prüfungsanforderung in der Abiturprüfung Geschichte (EPA) als „kriterienorientierte bzw. aspektgeleitete Erschließung" definiert (Kultusministerkonferenz 2005, 8), erscheint uns daher die passendste Charakterisierung für die Nutzung von Medien im Geschichtsunterricht.

Ausgehend davon, dass die Erschließung von Medien im Geschichtsunterricht aspektgeleitet zu erfolgen hat, ist zu klären, unter welchen Aspekten sich Medien analysieren lassen. Die folgende Auflistung ist das Ergebnis der Sichtung und Synthetisierung von Leitfäden aus Lehrbüchern und geschichtsdidaktischen Operationalisierungsversuchen (Buchsteiner u.a. 2018a; Buchsteiner/Scheller 2021).

Aspekt	Bezug auf
formale Merkmale	Autor*in, Auftraggeber*in, Gattung, Entstehungszeit, Entstehungsort, Adressat*innen
Stimmung/Wirkung	Emotionen oder Gefühle, die das Medium bei Betrachtenden auslöst
Gestaltung	genutzte (zeitspezifische) stilistische, graphische, akustische und/oder plastische Gestaltungsmittel
historischer Sachverhalt	aufgeführte historische Personen(gruppen), Ereignisse, Prozesse und Zustände
Deutung	Positionierungen zum bzw. Einschätzungen des dargestellten historischen Sachverhalts durch die*n Autor*in etc.
Intention/-en	Absichten sowie damit verbundene Handlungsoptionen und -zwänge bei der Deutung des historischen Sachverhaltes und deren medialer Gestaltung
Perspektive	soziale, politische etc. (Ein-)Stellung der*s Autors*in etc. und deren Auswirkungen auf die Deutung des historischen Sachverhalts

Tab. 15: mögliche Aspekte einer historischen Medienanalyse nach Buchsteiner u.a. 2018a

Die einzelnen Aspekte sind nicht (!) nacheinander abzuarbeiten und ihre Anordnung in Tabelle 15 ist nicht als Leitfaden zu verstehen. Vielmehr sollten die einzelnen Aspekte in Anhängigkeit von der konkreten historischen Frage der jeweiligen Geschichtsstunde ausgewählt werden (s. Kap. 6).

Neben der Unterscheidung als Quelle und Darstellung werden Medien vor allem hinsichtlich der durch sie adressierten Sinneswahrnehmung und der verwendeten Gestaltungsmittel (z.B. stilistisch, graphisch, akustisch, plastisch) klassifiziert. Die auf diese Weise bestimmten einzelnen Gattungen (z.B. Text, Lied, Bild) lassen sich noch weiter untergliedern; bei Texten z.B. in Urkunden, Briefe, Reden, Gesetze usw., bei Bildern z.B. in Gemälde, Fotografien, Karikaturen, Plakate usw. Die einzelnen (Unter-)Gattungen verweisen auf Spezifika hinsichtlich (zeitspezifischer) Perspektiven (bei Urkunden z.B. die der Obrigkeit), Reichweiten (die z.B. bei einer öffentlichen Rede größer ist als bei einem privaten Brief), Adressatenkreise oder kommunikativer Funktionen (die z.B. bei einem Tagebuch eine andere ist als bei einer Regierungserklärung).

Jede Mediengattung hat somit seine Besonderheiten und damit ein spezifisches Potential für den Geschichtsunterricht. Bei der Planung einer Geschichtsstunde empfiehlt es sich daher, sowohl die Vielfalt der Gattungen als auch deren jeweilige Spezifik zu berücksichtigen, um mit den Schüler*innen die Unterscheidung hinsichtlich der Form und des Aussagewerts zu trainieren (Pandel 2013). Aus Platzgründen wird hier nicht auf die einzelnen (Unter-)Gattungen, sondern auf die einschlägige Literatur verwiesen.

Gattung	Literatur
Texte	Sauer 2018, Pandel 2006
Bilder	Ammerer/Windischbauer 2011, Hamann 2018, Krammer/Ammerer 2006, Schneider 2017, Sauer 2000, Schnakenberg 2011
Lieder	Brauer 2021, Sauer 2018
Karten	Oswalt 2019
Gegenstände	Scheller 2020, Heese 2007, Dräger 2021
Filme	Wehen 2018, Ammerer 2016, Kleinhans 2016, Kühberger 2013
Zeitzeug*innen	Bertram 2017, Schreiber/Árkossy 2009
Spiele/Games	Buchsteiner/Jahnke 2021, Preisinger 2021, Bernhardt 2018

Tab. 16: Übersicht ausgewählter Literatur zu zentralen Mediengattungen

Die in Tabelle 15 aufgeführten Aspekte der Medienanalyse sind gattungsunabhängig. Freilich nutzen bestimme Gattungen spezifische Gestaltungsmittel; das Lied z.B. akustische, der Text stilistische, die Kunst unter anderem graphische usw. Die mit dem Aspekt Gestaltungsmittel verbundene Fragestellung (Welche Gestaltungsmittel wurden ausgewählt und warum?) bleibt indes gleich.

Einzelne Gattungen machen es allerdings erforderlich, besondere Tätigkeiten anzuwenden. So ist z.B. bei Karten die Erschließung von Lagebeziehungen oder Standortfaktoren sowie bei Statistiken und Diagrammen die Betrachtung von Mengen- oder Abhängigkeitsverhältnissen eine notwendige Voraussetzung, um die enthaltene Deutung des historischen Sachverhalts zu erfassen (Buchsteiner u.a. 2018a).

Nach welchen Kriterien lassen sich Medien für den Unterricht auswählen?

Bei der Entscheidung für oder gegen ein Medium können die nachstehenden Fragen helfen:

- Passt das Medium zum für die Geschichtsstunde bestimmten historischen Sachverhalt? (s. Kap. 4)
- Kann das Medium zur Formulierung historischer Fragen anregen bzw. liefert es eine Antwort auf die in der Geschichtsstunde zu klärende historische Frage? (s. Kap. 6, 8)
- Können die Schüler*innen das Medium auf der Basis ihrer Lernausgangslage ‚lesen' (s. Kap. 3), sind zusätzliche Informationen erforderlich oder ist eine Diskrepanz zwischen Medium und Vorerfahrungen gewünscht, um eine Alteritätserfahrung hervorzurufen? (s. Kap. 8)
- In welcher Phase der Geschichtsstunde lässt sich das Medium sinnvoll einsetzen? (s. Kap. 7)

Die letzte Frage verweist auf die unterschiedlichen Funktionen der einzelnen Phasen bzw. der dort adressierten historischen Denkoperationen (s. Kap. 7), aus denen sich spezifische Anforderungen an die dort einzusetzenden Medien ergeben. Da in der Phase des Einstiegs (s. Kap. 8) anhand von Kontingenzerfahrungen historische Fragen entwickelt werden sollen, müssen die dafür ausgewählten Medien das Potential haben, Schüler*innen zum historischen Fragen anzuregen. Für die Phase Analyse sollten hingegen Medien ausgewählt werden, die plurale Antworten auf die zu Beginn der Geschichtsstunde formulierte(n) historische(n) Frage(n) ermöglichen. Dabei können ebenfalls die Medien verwendet werden, die bereits im Einstieg genutzt wurden. Zudem lassen sich solche Medien begründet auswählen, die für die historische Frage weniger bedeutsam sind, wenn mit den Schüler*innen zum Beispiel die Bestimmung der Relevanz für die Fragestellung oder die Reichweite ihrer Aussage trainiert werden sollen. In der Phase der Narrativierung bietet es sich an, erneut auf das Medium bzw. die Medien des Einstieges oder der Phase Analyse zurückzugreifen. Bei Bedarf ist hier zudem der Einbezug weiterer Medien ratsam, die z.B. in Widerspruch zu den von den Schüler*innen erarbeiteten historischen Deutungen oder Orientierungen stehen und damit einen weiteren Diskussionsanreiz bieten.

Praxisbeispiel 7: Medien auswählen

Planungssituation

Eine Geschichtslehrperson plant in einer 8. Klasse im Kontext des *historischen Sachverhalts* „Kolonialismus" China als Fallbeispiel zu behandeln (s. Kap. 5), da sie in der Unterrichtseinheit einen Gegenwartsbezug (Ursachenzusammenhang) zum chinesisch-amerikanischen bzw. chinesisch-europäischen Verhältnis herstellen möchte (s. Kap. 4). Für die Stunde entwickelte sie die *historische Frage* (s. Kap. 6): „Wie gestaltete sich das Verhältnis zwischen China, den USA und beteiligten europäischen Mächten um 1900?" Nun konsultiert sie das Lehrbuch (Schulte/Stello 2016), welches ihr eine Fülle an Materialien anbietet und sie vor die Aufgabe stellt, für die Stunde passende *Medien* auszuwählen.

Planungsfrage

Welche historischen Medien werden warum und für welche Stundenphase ausgewählt?

Entscheidungsmöglichkeiten

Bei der Durchsicht des Lehrbuchs fällt der Lehrperson auf, dass sich die *Medien* auf zwei *historische Sachverhalte* beziehen: die Open Door Policy der USA sowie den Boxeraufstand. Beide Ereignisse sind aus ihrer Sicht dazu geeignet, das damalige Verhältnis zwischen China und den Kolonialmächten zu beleuchten. Zur Open Door Policy bietet das Lehrbuch folgende Materialien an:

- Einen Darstellungstext zu Ursachen und Motiven
- Eine US-Amerikanische Karikatur um 1900
- Ein Rundschreiben des US-amerikanischen Außenministers von 1899

Nun überlegt die Lehrperson, inwiefern die *Medien* zur *historischen Frage* (s. Kap. 6), zu den einzelnen *Phasen* (s. Kap. 7) sowie zur *Lernausgangslage* der Klasse passen (s. Kap. 3). Alle drei *Medien* ermöglichen aus ihrer Sicht eine Beantwortung der *historischen Frage*. Die beiden Quellen können genutzt werden, um das Verhältnis der USA zu China multiperspektivisch in den Blick zu nehmen und der Darstellungstext, um den historischen Kontext zu erschließen. Während die Lehrperson den Verfassertext für gut verständlich hält, hat sie bei der Karikatur sowie dem Rundschreiben Zweifel, ob die Lernenden diese ohne Unterstützung bewältigen können. Die Karikatur lässt sich, so ihre Einschätzung, ohne Vorwissen kaum entschlüsseln und das Rundschreiben ist mit Begriffen wie „Vertragshäfen", „Vertragszölle" und „Eisenbahnfrachtraten" durchzogen, deren historische Bedeutung den Lernenden unbekannt sein dürfte. Vor dem Hintergrund des Darstellungstexts und aufgrund der Möglichkeiten, ein Glossar an das Rundschreiben anzufügen oder die Lernenden mittels Smartphone Fachbegriffe recherchieren zu lassen, hält sie die *Medien* aber dennoch für geeignet. Schließlich überlegt die Lehrperson, zu welchen *Phasen* die einzelnen *Medien* passen. Dabei fällt ihr auf, dass das Rundschreiben und der Verfassertext Antworten auf die historische Frage ermöglichen, aber eher weniger geeignet sind, eine kognitive Dissonanz auszulösen. Die Karikatur lässt sich ebenfalls zur Beantwortung der historischen Frage heranziehen. Sie bietet aufgrund der alltagsweltlichen Bildsprache zudem die Möglichkeit, die Schüler*innen selbst dann Hypothesen zur historischen Frage formulieren zu lassen, wenn sie über geringes historisches Vorwissen verfügen.

Entscheidung und Ausblick

Die Lehrperson plant daher die US-Amerikanische Karikatur um 1900 im *Einstieg* einzusetzen, um Hypothesen zum damaligen Verhältnis der dargestellten Staaten entwickeln zu lassen. In der *Phase* der Analyse will sie zunächst den Verfassertext nutzen, um den *historischen Sachverhalt* zu bestimmen und dessen historische Rahmenbedingungen zu klären. Anschließend sollen die Schüler*innen die im Rundschreiben und in der Karikatur vorgenommene Charakterisierung des Handelns der beteiligten Staaten sowie ihres Verhältnisses zueinander erschließen. Gegenteilige Aussagen der *Medien* sollen anhand der jeweiligen Perspektiven begründet werden. In der *Phase* der Narrativierung werden die in der Stunde entwickelten Antworten präsentiert und mit den im *Einstieg* formulierten Hypothesen abgeglichen.

Im Folgenden überlegt die Lehrperson, welche *Aufgaben* sie zu den jeweiligen *Medien* für die *Phasen* der Stunde formuliert (Kap. 10) und in welcher *methodischen Form* sie deren Beantwortung organisiert (Kap. 11).

M1 Darstellungstext: Imperialistische Herrschaft in China

Um die eigene Position zu verbessern, ließen sich Japan, Frankreich, Großbritannien und das Deutsche Reich sogenannte „Interessensphären" zuteilen, die ohne ihr Einverständnis nicht an andere Länder vergeben werden konnten. Denn längst ging es den ausländischen Mächten nicht mehr allein darum, ihre Waren an China zu verkaufen. Ihnen lag vielmehr daran, die Wirtschaft in China zu kontrollieren. Europäische und japanische Firmen sicherten sich die Vorrechte für den von China bezahlten Bau von Eisenbahnlinien. Sie beuteten Bodenschätze aus und spielten eine immer größere Rolle im Finanzwesen des Landes. Alles schien darauf hinzudeuten, dass China von den imperialistischen Mächten in Kolonien geteilt werden würde. Gegen diese Entwicklung protestierten allerdings die USA. In Washington versprach man sich von einer für alle interessierten Mächte „offenen Tür" in China (Open Door Policy) einen größeren Nutzen für die heimischen Wirtschaftsinteressen und pochte deshalb darauf, dass China als – zumindest auf dem Papier – selbständiger Staat erhalten blieb. So rettete letztlich die Konkurrenz unter den imperialistischen Mächten die staatliche Einheit eines auf seine Kernterritorien geschrumpften Chinas.

Aus: Schulte/Stello 2016, 120.

M2 Quelle: Ein Rundschreiben des US-amerikanischen Außenministers von 1899. Der amerikanische Außenminister John Hay (1838–1905) richtete am 6. November 1899 ein Rundschreiben an die Regierungen von Deutschland, Großbritannien, Frankreich, Russland und Japan.

Die Vereinigten Staaten haben das ernste Bestreben, allen Grund für Spannungen zu beseitigen, und wünschen zugleich, dem Handel aller Nationen die unbezweifelbaren Vorteile zu sichern, welche aus einer formellen Anerkennung der dort „Interessensphären" beanspruchenden Mächte entstehen würden. Sie wünschen, dass alle Nationen vollständige Gleichheit bei der Behandlung ihres Handels und ihrer Schifffahrt innerhalb solcher Sphären genießen sollen. Deshalb würde es die Regierung der Vereinigten Staaten begrüßen, wenn die Regierung Ihrer Majestät formelle Zusicherungen gäbe und dazu mithülfe, ähnliche Zusicherungen von den anderen interessierten Mächten (über die folgenden Punkte) zu erlangen. Ersten soll in keiner Weise in irgendwelchen Vertragshäfen und überkommenen Privilegien innerhalb Chinas interveniert werden. Zweitens soll der derzeitige chinesische Vertragszoll auf alle Güter innerhalb der genannten „Interessensphären" erhoben werden (außer in den „freien Häfen") und zwar unabhängig davon, von welcher Nation diese Güter stammen. Die so erhobenen Zölle sollen von der chinesischen Regierung eingezogen werden. Drittens soll eine solche Macht keine höheren Hafengebühren für Schiffe fremder Nationalität in einem Hafen innerhalb einer solchen Sphäre erheben, und für keine Güter sollen von irgendeiner Nation höhere Eisenbahnfrachten verlangt werden, als sie für ähnliche Güter von den eigenen Bürgern über gleiche Transportentfernungen erhoben werden.

Nach: Schulte/Stello 2016, 127.

M3 US-Amerikanische Karikatur um 1900

Aus: Schulte/Stello 2016, 127

Literatur

Schulte, Rolf/Stello, Benjamin 2016: Buchners Kolleg Geschichte, Ausgabe Schleswig-Holstein. Einführungsphase, Buchner, Bamberg.

10. Aufgaben formulieren

In der ersten Sitzung eines Fachseminars Geschichte zeigte der Fachleiter einer Gruppe von Referendar*innen Karteikarten, die er zur Planung einer Geschichtsstunde verwendet hatte. Die Notizen waren äußerst minimalistisch gehalten, was angesichts der langen Berufserfahrung nicht verwunderte. Umso mehr stach das Einzige hervor, das konkret ausformuliert war: die Aufgaben. Dies ist nachvollziehbar, da Aufgaben nicht nur als „Anforderungen" gelten, „die Lernenden im (Geschichts-)Unterricht begegnen", um einen „Problemhorizont [zu] eröffnen, der individuell oder gemeinsam bearbeitet werden soll" (Köster 2021, 20). Vielmehr operationalisieren sie die jeweilige(n) historische(n) Frage(n) (s. Kap. 6) und damit die gesamte Geschichtsstunde (s. Kap. 7). Ihre Formulierung entscheidet somit darüber, ob historisch gelernt werden kann (s. Kap. 2). Im Folgenden stehen Kriterien und Verfahren im Fokus, nach denen Aufgaben für historisches Lernen formuliert werden können.

Welche Gütekriterien werden in Bezug auf Aufgaben für historisches Lernen diskutiert?

Anhand der Literatur lassen sich ‚Gütekriterien' für Aufgaben in allgemeindidaktische und geschichtsspezifische unterscheiden. Nach Heuer (2011) sollten Aufgaben

- verständlich sein,
- herausfordern,
- Operatoren enthalten,
- differenzieren,
- Offenheit ausweisen, d.h. mehrere Lösungswege und heterogene Lösungen nicht per se ausschließen und
- zur Kooperation anregen.

Geschichtsspezifische, d.h. auf historisches Lernen zielende Aufgaben sind in Anlehnung an Thünemann (2013) dadurch gekennzeichnet, dass sie

- historische Fragen bzw. deren Beantwortung adressieren und
- die Konstruktion von Geschichte(n) zum Ziel haben.

Das erste geschichtsspezifische Kriterium ist mit den gegenwärtigen Zielen des Geschichtsunterrichts (s. Kap. 2) sowie mit der Entwicklung und Formulierung einer historischen Frage verbunden (s. Kap. 6). Beim zweiten Kriterium erweitern wir Thünemanns (2013) Setzung insofern, als dass er historische Werturteilsbildung als zentral ansieht, während wir davon ausgehen, dass nicht jede Geschichtsstunde mit einer historischen Werturteilsbildung enden muss, sondern ebenfalls begründete Deutungen (z.B. in Form von Erklärungen oder Argumentationen) oder deren Kritik als Ergebnis der Aufgabenbearbeitung legitim sein können. Thünemanns (2013) drittes Kriterium (Evaluation des Lernprozesses) erscheint uns als sinnvolle Forderung (s. Kap. 2 und 3), allerdings muss nicht jede Aufgabe diesem Kriterium entsprechen.

Abschließend sei betont, dass nicht jede Teilaufgabe sämtlichen Gütekriterien entsprechen muss. Bei der zentralen Lernaufgabe des Geschichtsunterrichts, die auf die Beantwortung der historischen Frage zielt (s. Kap. 6), sollten jedoch möglichst viele Gütekriterien berücksichtigt werden.

Welche Bestandteile und Anforderungsniveaus sind bei der Formulierung von Aufgaben zu berücksichtigen?

Aus erziehungswissenschaftlicher und geschichtsdidaktischer Sicht (Gropengießer 2006; Köster 2021) können Aufgaben aus

- einem Informationsteil, der danach fragt, in welchem inhaltlichen Rahmen sich die Aufgabe bewegt,
- einem Aufforderungsteil, der klärt was (in welcher Aktions- und Sozialform) gemacht werden soll,
- einem Unterstützungsteil, der Tipps und Hilfen für die Bearbeitung gibt,
- einem Lösungsteil, der festlegt, in welcher Form die Lösung am Ende der Bearbeitung vorliegen soll und
- der Benennung von Bezugsmedien, mittels derer die Aufgabe zu lösen ist, bestehen.

Jede Aufgabe sollte einen Aufforderungs- und Lösungsteil besitzen. Der Informations- und Unterstützungsteil kann je nach Situation eingebaut oder weggelassen werden. Medien können vorgegeben, aber auch im Rahmen der Aufgabe von den Schüler*innen selbst recherchiert werden.

Bormuth u.a. (2020) formulierten allgemeindidaktische und geschichtsspezifische Anforderungen, über deren Ausprägung (von „nicht vorhanden“ bis „ausgeprägt“) sie Anforderungsniveaus historischer Lernaufgaben zu bestimmen versuchen. Sie plädieren dafür, den Leistungsstand einer Lerngruppe hinsichtlich der Anforderungen an die Lernaufgaben zu diagnostizieren (s. Kap. 3) und anschließend zu prüfen, ob das Anforderungsniveau der Lernaufgabe zum Leistungsstand der Lerngruppe passt (ebd.). Nach Heuer (2011; Blömke u.a. 2006) sind Aufgaben idealerweise so zu formulieren, dass ihr Anforderungsniveau knapp über dem aktuellen Könnensstand der Lernenden liegt.

Auf die Zweckmäßigkeit der Verwendung von Operatoren bei der Aufgabenformulierung ist verschiedentlich hingewiesen worden (z.B. Heuer 2021; Köster 2021; Buchsteiner u.a. 2018b). Operatoren sind Verben die normativ gesetzt, Tätigkeiten zur Lösung der Aufgabenstellung vorgeben und vor allem in Prüfungssituationen die Kommunikation zwischen Lehrperson und Schüler*innen erleichtern sollen (Kultusministerkonferenz 2005). Da momentan zahlreiche Operatorenlisten nebeneinander bestehen, sind Lehrperson gefordert, nicht nur auszuwählen, sondern die eigene Entscheidung ebenfalls transparent zu machen, indem die einzelnen Operatoren im Unterricht eingeführt und ihre Anwendung mit den Schüler*innen eingeübt wird (Keller 2009; Buchsteiner u.a. 2018b).

Welche Aufgabentypen werden diskutiert und nach welchen Kriterien sind sie auszuwählen?

In der Literatur finden sich Aufgabentypologien (s. Tab. 17), deren Relevanz für die Stundenplanung nicht allgemein eingeschätzt werden kann, sondern sich in Abhängigkeit von der konkreten Lernsituation ergibt (Buchsteiner/Scheller 2021). Im Folgenden werden die einzelnen Typologien und ihre Folgen für die konkrete Aufgabenformulierung betrachtet.

didaktische Funktion (Köster u.a. 2016)	**Antwortmöglichkeiten (Adamski 2017, Kühberger 2014)**	**Strukturierung des Lösungsweges (Buchsteiner u.a. 2018b; Wenzel 2018a)**
Lernaufgabe	geschlossen	durchstrukturiert
Prüfungsaufgabe	halboffen	anstrukturiert
Diagnoseaufgabe	offen	offen strukturiert
	geöffnet	

Tab. 17: Klassifizierung von Aufgaben (Auswahl)

Mit Blick auf die didaktische Funktion wird in Lern-, Diagnose- und Prüfungsaufgaben unterschieden (Köster u.a. 2016; Nitsche u.a. 2017). Lernaufgaben dienen dazu, im Unterricht an historischen Gegenständen zu arbeiteten. Sie müssen den didaktischen Zielen sowie der Lerngruppe entsprechen. Sie lassen sich je nach Situation einfacher oder schwieriger, kleinschrittiger oder komplexer formulieren. Lernaufgaben können daher beliebig viele Unterstützungsimpulse enthalten, die sich an die individuellen Lernvoraussetzungen anpassen lassen. Im Gegensatz dazu werden Diagnoseaufgaben eingesetzt, um den „Wissens- und/oder Könnensstand der Schüler*innen [zu erheben], um auf Basis dieser Informationen den weiteren Lernprozess zu planen und Lernende gezielt und individuell fördern zu können" (Köster 2021, 23). Daraus folgt, möglichst keine Hilfestellung vorzugeben, um diagnostizieren zu können, wie Lernende mit Problemstellungen umgehen, d.h. welche Lösungswege sie nutzen und zu welchen Ergebnissen sie dabei gelangen. Ähnlich verhält es sich bei Prüfungsaufgaben, die in Leistungskontrollen oder -bewertungen zur Anwendung kommen. In ihnen sollten möglichst wenig Hilfen gegeben werden, da eine kriteriale Bezugsnorm angelegt wird. Prüfungsaufgaben sollten darüber hinaus nicht nur die Reproduktion von Wissen, sondern auch dessen Anwendung und die damit verbundenen historischen Denkoperationen einfordern (s. Kap. 2). Bei Prüfungsaufgaben empfiehlt es sich daher eine unbekannte Problemstellung auszuwählen, deren Lösung jedoch Tätigkeiten erfordert, die zuvor trainiert wurden (Köster 2021). Anhand der Antwortmöglichkeit wird nach Aufgaben unterschieden, die

- geschlossen, d.h. eine Auswahl aus vorgegebenen Antworten verlangen,
- halboffen, d.h. einen Mix aus vorgegebenen und frei zu entwickelnden Antworten anbieten,
- offen, d.h. frei zu entwickelnde Antworten einfordern, oder
- geöffnet sind, d.h. neben frei zu entwickelnden Antworten zudem den Lösungsweg und die Art der Ergebnispräsentation nicht vorgeben (Adamski 2021; Kühberger 2009).

Der Einsatz von geschlossenen oder halboffenen Aufgabentypen bietet sich an, wenn Lernende mit einer offenen Aufgabe noch überfordert wären. Beispielsweise kann die Urteilsbildung unterstützt werden, indem mögliche Thesen oder Argumente vollständig oder teilweise vorgegeben werden.

Dass Aufgaben Lösungswege vorstrukturieren, ist unter anderem mit Blick auf die Bestandteile von Aufgaben bereits deutlich geworden. Der Grad der Strukturierung kann variieren. Durchstrukturierte Aufgaben geben in Form von Tipps oder sogenannten Kettenaufgaben sämtliche Bearbeitungsschritte vor. Anstrukturierte Aufgaben enthalten lediglich einen Teil der Bearbeitungsschritte. Offen strukturierte Aufgaben schließlich geben keinen Lösungsweg vor (Buchsteiner u.a. 2018b; etwas anders bei Wenzel 2012, 2018a).

Die Formulierung von durch- und anstrukturierten Aufgaben setzt während der Planung die Kenntnis der jeweiligen Teilschritte voraus. Hierbei empfiehlt sich die Orientierung an

- Operatoren und den normativ gesetzten „Anforderungsbereichen" (Kultusministerkonferenz 2005, 6), die sich auf die Lernzieltaxonomie von Heinrich Roth zurückführen lassen (Roth 1971, 181), sowie
- Teilschritten der einzelnen historischen Denkoperationen (z.B. Buchsteiner/Scheller 2021).

Beides wird im Folgenden unter dem Aspekt der Differenzierung verdeutlicht.

Wie lässt sich über Aufgaben differenzieren?

Über die Notwendigkeit (binnen-)differenzierten Unterrichtens herrscht Konsens (Buchsteiner/Scheller 2021). Dabei spielen Aufgaben eine zentrale Rolle, da sie Lernwege definieren, die es Lernenden ermöglichen, (komplexe) historische Denkleistungen (s. Kap. 2, 7) zu erbringen (z.B. Heuer 2021). Um binnendifferenzierte historische Lernaufgaben zu entwickeln, bietet sich aus unserer Sicht

- die Formulierung von offen, an- oder durchstrukturierten Aufgaben sowie
- der Einsatz von Scaffolds an.

Die Differenzierung über die Formulierung offen, an- oder durchstrukturierter Aufgaben rekurriert auf die bereits genannten Optionen, entweder Teilschritte einzelner Operatoren oder Teilschritte historischer Denkoperationen zu bestimmen.

Über Operatoren lässt sich differenzieren, indem die in den Anforderungsbereichen der EPA definierten Tätigkeiten (s. Tab. 18) und die den jeweiligen Bereichen zugeordneten Operatoren sachlogisch aufeinander bezogen werden (Buchsteiner u.a. 2018b).

Anforderungsbereich der EPA	Teilschritte mit Bezug auf historische Denkoperationen
Reproduktion **Selektion von Informationen anhand von Kriterien**	Selektion von Aussagen über Vergangenes aus Medien anhand von Kriterien, die sich aus der historischen Frage bzw. ihren Teilfragen ergeben (s. Kap. 7) Wiedergabe durch (reduzierte, z. B. auf Schlagworte gebrachte) Aufzählung/Auflistung oder Formulierung zeitlicher, räumlicher oder hierarchischer Beziehungen
Reorganisation und Transfer **Strukturierung von Informationen mithilfe von Kategorien**	Aussagen über Vergangenes in eine kausale, zweckrationale oder intentionale Beziehung bringen oder (1) mit historischen Deutungen (z.B. Theorie, Konzept) und deren Merkmalen oder mit Orientierungen (z.B. Handlungsoptionen) und den diesen zu Grunde liegenden Einstellungen abgleichen, (2) eine Folgerung hinsichtlich der Übertragbarkeit bzw. Anwendung der historischen Deutung oder Orientierung ableiten und (3) die Aussagen über Vergangenes anhand der gewählten historischen Deutung oder Orientierung strukturieren
Reflexion **Positionierung innerhalb eines Bezugsrahmens**	Bestimmung von Bedingungen und Grenzen der durch Reorganisation und Transfer vorgenommenen begrifflich-kategorialen Charakterisierung des historischen Sachverhalts, z. B. durch die Historisierung bzw. die Aufdeckung der Perspektive der historischen Deutung(en) oder Orientierung(en) Formulierung von Deutungen oder Orientierungen zu historischen Sachverhalten, die einzelne (anhand der Erschließungskriterien) reproduzierte Aussagen über Vergangenes als Argumente (gegeneinander abwägend) nutzen

Tab. 18: Spezifizierung der Anforderungsbereiche der EPA nach Buchsteiner u. a. 2018b; Rohlfes 2005

Je nachdem wie viele Teilschritte den Lernenden vorgegeben werden (sollen oder müssen), lassen sich anschließend offen, an- oder durchstrukturierte Lernaufgaben formulieren (s. Tab. 19).

	offen strukturiert	anstrukturiert	durchstrukturiert
Reproduktion		1. Fasse die Bestimmungen der Lex Regia zusammen.	1. Markiere die Bestimmungen der Lex Regia. 2. Leite jeweils reduzierende (auf ein Schlagwort gebrachte) Aussagen ab.
Reorganisation und Transfer		2. Ordne die Bestimmungen der Lex Regia den Merkmalen des französischen Absolutismus zu.	3. Nenne zentrale Merkmale des französischen Absolutismus. 4. Gleiche die Bestimmungen der Lex Regia mit den Merkmalen des französischen Absolutismus ab.

	offen strukturiert	anstrukturiert	durchstrukturiert
Reflexion	1. Beurteile, inwiefern die Lex Regia dem Modell des französischen Absolutismus entsprach.	3. Formuliere eine strukturierte Argumentation, inwiefern die Lex Regia dem Modell des französischen Absolutismus entsprach.	5. Bestimme Argumente, die die These, die Lex Regia entspricht dem Modell des französischen Absolutismus, stützen und solche, die gegen sie sprechen. Entscheide dich für eine Position. 6. Formuliere eine strukturierte Argumentation, inwiefern die Lex Regia dem Modell des französischen Absolutismus entsprach.

Tab. 19: Zerlegung des Operators „beurteilen" in Teilschritte nach Buchsteiner u.a. 2018b am Beispiel des historischen Sachverhalts „Europäischer Absolutismus".

Zur Differenzierung über Teilschritte historischer Denkoperationen (s. Kap. 2) liegen vereinzelte Vorschläge vor (z.B. Buchsteiner/Scheller 2021). Die Denkoperation ‚Medien analysieren' beispielsweise kann über die einzelnen Aspekte der Medienanalyse (s. Kap. 9) sowie die dabei als notwendig angenommenen Teiloperationen, die einen Beitrag zum historischen Lernen leisten, zergliedert und damit so strukturiert werden (s. Tab. 20), dass individuelle Lernausgangslagen Berücksichtigung finden können (Buchsteiner/Scheller 2021).

Teiloperation	offen strukturiert	anstrukturiert	durchstrukturiert
Mithilfe der formalen Merkmale und des historischen Kontextes die Adressaten ermitteln, mittels jener und der enthaltenen Deutung die Intention erschließen und sie hinsichtlich zeitgenössischer Handlungsoptionen und -zwänge begründen.	Begründe die Intention mit zeitgenössischen Handlungsoptionen und -zwängen.	1. Erschließe die Intention(en). 2. Überlege unter Berücksichtigung der Perspektive, warum die*er Autor*in etc. diese Absicht verfolgte. 3. Begründe die Intention mit zeitgenössischen Handlungsoptionen und -zwängen.	1. Erschließe die Adressat*innen. 2. Überlege, warum (gerade) sie z.B. von der Bewertung des historischen Sachverhaltes überzeugt werden sollten. 3. Bestimme die Intention und überlege unter Berücksichtigung der Perspektive, warum die*er Autor*in etc. diese Absicht verfolgte. 4. Begründe die Intention mit zeitgenössischen Handlungsoptionen und -zwängen.

Tab. 20: Strukturierung von Aufgaben am Beispiel des Aspekts Intention; nach Buchsteiner u.a. 2018a; Buchsteiner/Scheller 2021

Hinsichtlich der zweiten Möglichkeit, binnendifferenzierte historische Lernaufgaben zu entwickeln, werden gegenwärtig sprachbildende Unterstützungsimpulse (Scaffolds) für historische Lese- und Schreibprozesse diskutiert (s. Tab. 21).

Scaffold zum Leseprozess	Scaffold zum Schreibprozess	Graphic organizer
Lies dir die Quelle Q3 einmal durch. Markiere in verschiedenen Farben Textstellen und Wörter, die du a) besonders wichtig findest, b) zu denen du Fragen hast und c) die du noch nicht verstehst. Bespreche Fragen und Unverstandes mit deiner Sitznachbarin oder deinem Sitznachbarn. Falls notwendig: Benutze ein Wörterbuch.	Du hast nun schon einige Informationen zum und einen Überblick über den Versailler Vertrag bekommen. Schreibe mit diesem Wissen die Einleitung einer Quelleninterpretation zum Versailler Vertrag. Nimm dafür das Methodenblatt „Eine Quelleninterpretation schreiben" zu Hilfe.	Erarbeite die Beschlüsse aus den Artikeln des Versailler Vertrags (Q3) und die Folgen aus der Karte mit Gebietsabtretungen (M5). Trage deine Ergebnisse in das Arbeitsblatt M6 ein. (In der Quelle bzw. auf dem Arbeitsblatt wurden die einzelnen Bestimmungen den Kategorien militärisch, territorial und wirtschaftlich für die Lernenden sichtbar zugeordnet.)

Tab. 21: Aufgaben mit sprachbildenden Scaffolds zum Thema Versailler Vertrag nach Sieberkrob/Lücke 2020, 433.

Da sich die konkreten Scaffolds auf zuvor diagnostizierte Lernstände beziehen sollten, wird hier auf das Praxisbeispiel 1 aus Kap. 3 zurückgegriffen, in dem die Lehrperson diagnostizierte, dass ihre Lernenden den Zeitbezug der historischen Frage nicht berücksichtigten, keine Quellenkritik vornahmen und unstrukturiert argumentierten. Zum leichteren Nachvollzug ist zuerst die ursprüngliche Aufgabe aufgeführt, die anschließend um mögliche Scaffolds ergänzt wird:

- Beurteile, inwiefern die Vorstellungen über die Bewohner der ‚Neuen Welt' in M1 tatsächlich auf die präkolumbianischen Kulturen zutreffen. Beziehe Dich dabei auf eine der Kulturen: Maya, Inka, Azteken.

Beachte dabei folgendes:

- Stelle in deiner Antwort dar, um welche Zeit es geht.
- Überlege, wie vertrauenswürdig die Aussagen in der Quelle sind.
- Versuche mehrere Argumente zu entwickeln und nacheinander darzustellen.

Praxisbeispiel 8: Aufgaben formulieren

Planungssituation

Die Lehrperson plant die im Praxisbeispiel von Kapitel 9 skizzierte Stunde zur „Politik der offenen Tür" in China (s. Abb. 11, S. 73). Die *historische Frage* der Stunde lautet „Wie gestaltete sich das Verhältnis zwischen China, den USA und den beteiligten europäischen Mächten um 1900?" Die Lehrperson hat dazu für den *Einstieg* eine Karikatur, für die *Phase* der Analyse einen Darstellungstext, die Karikatur und ein Rundschreiben ausgewählt. Nun überlegt sie, welche *Aufgaben* sie für die Lernenden formuliert.

Planungsfragen

Welche Aufgaben, welcher Art (z. B. Diagnose) und Struktur (z. B. offen) sollen warum (z. B. Bezug zu hist. Medien) gestellt werden?

Entscheidungsmöglichkeiten

Die Frage nach der Aufgabenart ist für die Lehrperson schnell gelöst. Da die geplante Unterrichtsstunde weder *Diagnose* noch *Prüfung* von Lernprodukten anvisiert, wird sie ausschließlich *Lernaufgaben* formulieren. Hinsichtlich der Struktur prüft sie die ausgewählten *Medien* und die mit ihrem Einsatz verbundenen *Ziele*. Im *Einstieg* wird eine Karikatur mit dem *Ziel* eingesetzt, Hypothesen zum Verhältnis der abgebildeten Staaten zu bilden. Da es wenig sinnvoll ist, bei der Entwicklung von Hypothesen Antwortmöglichkeiten vorzugeben, entscheidet sich die Lehrperson für den offenen Aufgabentyp. Da die Lerngruppe noch nicht selbstständig Hypothesen aus Karikaturen ableiten kann, neigt die Lehrperson zu durchstrukturierten Aufgabenformulierungen, die möglichst viele Teilschritte, in diesem Falle der Medienanalyse, vorgeben (s. Tab. 19).

In der *Phase* der Analyse soll zunächst der Darstellungstext mit dem *Ziel* gelesen werden, den historischen Kontext zu klären. Hierfür formuliert die Lehrperson anstrukturierte *Aufgaben* (s. Tab. 19), da die Schüler*innen beim letzten Mal die durchstrukturierten *Aufgaben* gut bewältigten. Für die Erschließung der Charakterisierung der einzelnen Akteure sowie ihres Verhältnisses zueinander aus den beiden Quellen plant die Lehrperson durchstrukturierte *Aufgaben*. In den vergangenen Stunden hat sie diagnostiziert, dass dies den Schüler*innen noch Schwierigkeiten bereitet (s. Kap. 3). Zudem weiß sie, dass ihre Schüler*innen dazu neigen, unbekannte Begriffe zu ignorieren und nicht selbstständig nachzuschlagen. Da die Quellen zahlreiche unbekannte Begriffe enthalten, möchte sie mit Scaffolds arbeiten, die gezielt nach unbekannten Begriffen fragen und einen Tipp liefern, diese schnell zu klären (s. Tab. 20).

In der *Phase* der Narrativierung sollen die Hypothesen zur Karikatur am Stundenanfang mit den Arbeitsergebnissen abgeglichen werden. Da die Lerngruppe dies bereits einige Male mit zufriedenstellenden Arbeitsergebnissen gemacht hat, entscheidet sich die Lehrperson für offen strukturierte *Aufgaben*.

Entscheidung und Ausblick

Aufgabe für den *Einstieg* (offene Antwortmöglichkeit, durchstrukturierte Aufgabe):

1. Beschreibe die Personen in der Karikatur und überlege, welche historischen Akteure dargestellt sein könnten.
2. Wie charakterisiert der Karikaturist das Verhältnis zwischen den Akteuren? Formuliere eine Hypothese.

Aufgabe für die *Phase* der Analyse (offene Antwortmöglichkeit, durchstrukturierte *Aufgabe* plus Scaffolds zum Leseprozess):

1. Fasse mithilfe des Verfassertextes die Gründe der Open Door Policy der USA zusammen.
2. Analysiere die beiden Quellen im Hinblick auf die historische Frage. Gehe dabei wie folgt vor:

- Markiere in der schriftlichen Quelle Stellen, in denen die Handelnden bzw. ihr Verhältnis zueinander charakterisiert wird.
- Recherchiere mit deinem Smartphone Begriffe, die dir unbekannt vorkommen.
- Vergleiche die Charakterisierung der Handelnden und ihres Verhältnisses in der schriftlichen Quelle mit jener in der Karikatur.
- Wenn es Unterschiede zwischen den Einschätzungen der beiden Quellen gibt, überlege, worin diese begründet sein können.
- Welcher Deutung räumst du mehr Gewicht ein? Begründe deine Entscheidung.

Aufgabe für die *Phase* der Narrativierung (offene Antwortmöglichkeit, offen strukturierte Aufgabe):

1. Formuliere eine Antwort auf die historische Frage und gleiche sie mit deiner Hypothese vom Stundenbeginn ab.

Anschließend überlegt die Lehrperson, welches *Lehr-Lern-* und *unterrichtsmethodische Strukturierungskonzept* sowie welche *Sozial- und Aktionsformen* sich zur Bewältigung der *Aufgaben* eignen (Kap. 11):

Literatur

Schulte, Rolf/Stello, Benjamin 2016: Buchners Kolleg Geschichte, Ausgabe Schleswig-Holstein. Einführungsphase, Buchner, Bamberg 120, 127.

11. Lehr-Lern-Konzepte, unterrichtsmethodische Strukturierungskonzepte sowie Aktions- und Sozialformen auswählen

In diesem Kapitel wenden wir uns der Vielfalt allgemeindidaktischer und pädagogischer Verfahren zu, um (historisches) Wissen und Denken zu fördern. Zunächst werden die unterschiedlichen Verfahren systematisiert, um anschließend Kriterien für die Auswahl abzuleiten.

Alles Methoden? – Versuch einer Systematisierung

Das Wort „Methode" bezeichnet Vorgehensweisen bei der Lösung von Problemen und findet sich sowohl in der Allgemeindidaktik als auch in der Geschichtsdidaktik häufig als Oberbegriff sämtlicher Verfahren der Vermittlung (historischen) Wissens und Denkens (z.B. Mattes 2011). Die fehlende Trennschärfe ist wiederholt kritisiert worden und führte zu unterschiedlichen Kategorisierungen (z.B. Pandel u.a. 2021; Baumgärtner 2015) sowie zu Versuchen, geschichtsspezifische Methoden zu bestimmen oder allgemeindidaktische Verfahren geschichtsspezifisch zu wenden (z.B. Günther-Arndt 2014; Völkel 2005).

Unterschiedliche Begriffe nutzend, haben sich Differenzierungen durchgesetzt, die sich am Grad des Einflusses der Methode auf die grundlegende Ausrichtung der Unterrichtsstunde (oder einzelner Phasen) orientieren (Hug 1985; Rohlfes 2005; Gautschi 2015; Baumgärtner 2015; Günther-Arndt 2020). Unterscheiden lässt sich zwischen:

- Lehr-Lern-Konzepten, die auf einem Kontinuum zwischen Instruktion (z.B. erarbeitender Unterricht) und Konstruktion (z.B. forschend-entdeckender Unterricht) zu verorten sind und damit den Grad der Selbständigkeit der Schüler*innen bestimmen. In der Geschichtsdidaktik wird davon ausgegangen, dass sich Lehren und Lernen zwischen diesen Polen bewegt (Rohlfes 2005; Pandel 2013), jedoch ein stärkerer Akzent auf dem historischen Lernen der Schüler*innen liegen sollte (Völkel 2014; van Norden 2011; Kühberger 2014). Allerdings folgt daraus nicht selbstverständlich, dass vor allem Lehr-Lern-Konzepte (z.B. aufgabenbasierter Geschichtsun-

terricht) zu wählen sind, die eine Selbständigkeit der Lernenden voraussetzen. Interventionsstudien, in denen Unterrichtsmethoden erprobt wurden, unterstreichen, dass ein Lernbegleitansatz sinnvoll ist, bei dem sich Phasen des Demonstrierens durch die Lehrperson (z.B. von Arbeitstechniken), des gemeinsamen Übens im Austausch zwischen den Unterrichtsbeteiligten sowie des von der Lehrperson begleiteten und selbständigen Problemlösens abwechseln (Nokes/De La Paz 2018);
- unterrichtsmethodischen Strukturierungskonzepten, die unterschiedliche Zugriffe auf den Unterrichtsgegenstand beschreiben (Demantowsky 2018, 201) und eine Auswahl zwischen der Fokussierung auf einzelne Sinne (z.B. Haptik), Strategien der Erkenntnisgewinnung (z.B. Problemorientierung, Handlungsorientierung, konzeptuelles Lernen, s. Kap. 6) oder die Kombination spezifischer (Fach-)Zugänge (z.B. multidisziplinäres Lernen) ermöglichen und
- Aktions- und Sozialformen, die von individuellen bis zu kooperativen Tätigkeiten des Lehrens und Lernens reichen und damit den Grad der Interaktion zwischen den Unterrichtsbeteiligten bestimmen (z.B. Lehrvortrag; Einzel-, Partner- und Gruppenarbeit, Gruppenpuzzle, Gallery Walk, Worldcafé).

Alles möglich? – Auswahlkriterien für die Planung

Ausgehend von dieser Systematik wird deutlich, dass sich während der Planung bewusst für
- den Grad der Selbständigkeit, der den Lernenden gegeben werden kann (v.a. Lehr-Lern-Konzepte),
- die Umsetzung eines spezifischen Zugriffs (v.a. unterrichtsmethodische Strukturierungskonzepte) sowie
- die Form der Interaktion zwischen den Unterrichtsbeteiligten (v.a. Aktions- und Sozialformen) zu entscheiden ist.

Über die breite, kaum überschaubare Palette an möglichen Formen bzw. Verfahren informieren Methodenhandreichungen (z.B. Peters 2016; Wenzel 2018b) oder Handbücher zu einzelnen allgemeindidaktischen und pädagogischen Verfahren (z.B. Adamski 2013). Auf die Auflistung einzelner Verfahren wird hier bewusst verzichte, da eine solche Auswahl häufig lediglich auf persönlichen Vorlieben oder Abneigungen beruht und die Eignung spezifischer Verfahren empirisch (bislang) nicht abgesichert ist (Pandel u.a. 2021).

Im Zentrum der Entscheidung für oder gegen ein Lehr-Lern-Konzept, ein unterrichtsmethodisches Strukturierungskonzept oder eine Aktions- und Sozialform sollte stets die Frage stehen, inwiefern sie das Erreichen der mit der Geschichtsstunde verbundenen Ziele (s. Kap. 2) unterstützen. Mit Blick auf kooperative Aktions- und Sozialformen bedeutet dies etwa, sie nicht nur als (z.B. in der Fremdsprachendidaktik wertvolle) Sprechanlässe einzuplanen, sondern für die arbeitsteilige Erschließung von unterschiedlichen Aspekten historischer Sachverhalte oder diesbezüglicher Positionen. Das Ergebnis kann daraufhin von den Schüler*innen zusammengeführt werden, um gemeinsam eine historische Narration zu entwickeln oder unterschiedliche zu hinterfragen. Kooperative Aktions- und Sozialformen böten sich ebenfalls an, wenn es darum geht, unterschiedliche Argumentationsmuster zu erschließen oder im Sinne von peer-coaching historisches Erzählen, Erklären oder Argumentieren zu trainieren. Alles Genannte ließe sich freilich auch (begründet) anders organisieren. Daher sollten

- die adressierten Ziele des Unterrichts (Kap. 2),
- die Lernvoraussetzungen der Schüler*innen (Kap. 3),
- die historische Frage der Stunde (Kap. 6),
- die (geschichts-)didaktische Funktion der jeweiligen Unterrichtsphase (Kap. 7),
- die gewählten Medien (Kap. 9) und
- Aufgaben (Kap. 10) sowie die
- räumlichen und zeitlichen Bedingungen

als Auswahlkriterien beachtet werden.

Abschließend sei hervorgehoben, dass die Entscheidungen für einzelne Methoden mehr noch als alle anderen Aspekte der Planung einer Geschichtsstunde nicht endgültig sind, da sie während der Durchführung des Unterrichts geändert werden können, wenn es die Unterrichtssituation (z.B. Zeitbedarf) erfordert. Es erscheint daher insbesondere bei der Planung des Methodeneinsatzes sinnvoll, an alternative Vorgehensweisen zu denken.

Praxisbeispiel 9: Lehr-Lern-Konzepte, unterrichtsmethodische Strukturierungskonzepte sowie Aktions- und Sozialformen auswählen

Planungssituation

Für eine 7. Klasse plant eine Lehrperson eine Stunde zur Französischen Revolution. Als Thema hat sie „Ursachen der Französischen Revolution" bestimmt (s. Kap. 4). Ihre *historische Frage* lautet: „Entsprach die Ständeordnung in Frankreich Ende des 18. Jahrhunderts den damaligen gesellschaftlichen Verhältnissen?" (s. Kap. 6). Hinsichtlich *Medien* plant sie eine Bildquelle (siehe unten) analysieren zu lassen (s. Kap. 9). Dabei haben die Schüler*innen die *Aufgabe*, das Bild zunächst zu beschreiben (s. Kap. 10). Nun überlegt die Lehrperson, welches *Lehr-Lern-* und *unterrichtsmethodische Strukturierungskonzept* sowie welche *Aktions- und Sozialform* dafür geeignet ist.

Planungsfragen

Wie selbständig sollen die Schüler*innen arbeiten und welches Lehr-Lern-Konzept sowie welche Aktions- und Sozialformen sind dafür geeignet? Welches unterrichtsmethodische Strukturierungskonzept soll mit Blick auf welche sinnliche, epistemologische oder fachliche Ausrichtung der Stunde gewählt werden? Inwiefern lassen sich die gewählten ‚Methoden' mit Blick auf die Bedingungs-, Sach- und didaktische Ebene der Stunde oder ihrer Teile begründen (z. B. Passung zu Lernvoraussetzungen, Stundenfrage, Zielen, Medien, Phasen, Aufgaben)?

Entscheidungsmöglichkeiten:

Ausgangspunkt der Entscheidung für oder wider ein *Lehr-Lern-Konzept* ist für die Lehrperson die Frage: Was können die Schüler*innen und was nicht? Wobei brauchen sie Unterstützung? Während der *Diagnose* stellte sie fest, dass es vielen Schüler*innen schwerfällt, bildliche Quellen und Darstellungen zu beschreiben (s. Kap. 3). Da das Benennen von Bildelementen klappt, es den Schüler*innen aber oft nicht gelingt, diese in Beziehung zueinander zu setzen, entscheidet sich die Lehrperson für ein stärker instruierendes *Lehr-Lern-Konzept.* Gegen z. B. das forschend-entdeckende Lernen spricht aus ihrer Sicht, dass sie Zeit einplanen müsste, um ein mögliches Scheitern aufzuarbeiten oder (ggf. noch während der Bearbeitung) in eine instruktive Phase zu wechseln. Zudem überlegt sie, ob es den Schüler*innen hilft, die *Aufgabe* gemeinsam oder allein zu bewältigen. Bei dieser Frage spielt ebenfalls die zur Verfügung stehende Zeit und die Vielzahl an Bildelementen eine Rolle, da sich die Aspekte mittels arbeitsteiligen *Aktions- und Sozialformen* ggf. schneller bewältigen lassen. Gegen eine Partner- oder Gruppenarbeit spricht aus Sicht der Lehrperson jedoch, dass es in der Klasse wenige Schüler*innen gibt, die eine Beschreibung vornehmen können. Die Bildbeschreibung in einem erarbeitenden Unterricht mittels Unterrichtsgesprächs gemeinsam zu trainieren, scheint der Lehrperson mit Blick auf die Beteiligung aller Schüler*innen jedoch keine gute Alternative zu sein. Stattdessen favorisiert sie hinsichtlich *unterrichtsmethodischer Strukturierung* einen handlungsorientierten Ansatz sowie kooperative *Aktions- und Sozialformen,* damit alle Schüler*innen kognitiv beteiligt sind.

Entscheidung und Umsetzung

Die Lehrperson entscheidet sich dafür, den Schüler*innen das Bild in Form eines (digitalen) Puzzles vorzulegen, bei dem sich die zentralen Bildelemente jeweils auf einem Puzzleteilchen befinden und von den Schüler*innen in Zweiergruppen in Beziehung zu den anderen Bildelementen gebracht werden müssen. Um das Beschreiben zu trainieren, formuliert die Lehrperson die Aufgabe:

- Beschriftet die einzelnen Puzzleteile, indem ihr das jeweils darauf abgebildete zentrale Objekt benennt. Setzt die einzelnen Puzzleteile richtig zusammen. Schreibt anschließend eine Handlungsanleitung zum Puzzle. Nutzt dabei die Namen, die ihr den einzelnen Puzzleteilen gegeben habt und bestimmt deren Position innerhalb des Bildrahmens sowie zu den anderen Puzzleteilen.

Für diese Form der Handlungsorientierung spricht aus Sicht der Lehrperson, dass sie später gemeinsam mit den Schüler*innen die Einbindung einzelner Bildelemente hinterfragen und darüber die Deutung des im Bild dargestellten *historischen Sachverhaltes* erschließen kann. Dafür formuliert sie nun eine entsprechende *Aufgabe* (s. Kap. 10) und wählt für deren Bewältigung ein *Lehr-Lern-Konzept* bzw. eine *Aktions- und Sozialform* (s. Kap. 11).

Abb. 11: Unbekannter Zeichner (Initialen: M.P.): „A faut esperer q'eu jeu la finira bentot" (Es darf gehofft werden, dass das Spiel bald vorbei ist), Karikatur von 1789

12. Systematisierung

Die geschichtsdidaktische Forschung zur Unterrichtsplanung verdeutlicht, was vielen Lesenden vertraut erscheinen dürfte: Bei der Planung des Unterrichts kann und wird auf unterschiedliche Art und Weise vorgegangen. Geschichtslehrpersonen verwenden keine spezifische Schrittfolge und beginnen nicht immer mit denselben Überlegungen. Allerdings scheint es individuelle Vorlieben und schulstufenspezifische Schwerpunktsetzungen zu geben. Die Planung von Geschichtsunterricht kann dennoch als Prozess aufgefasst werden, in dessen Rahmen diesbezügliche Tätigkeiten (z.B. historisches Denken diagnostizieren, historische Sachverhalte ordnen, historische Medien auswählen, Aufgaben formulieren) verknüpft und aufeinander bezogen werden müssen. Dabei werden Zwischenergebnisse der Planung hinterfragt, überarbeitet oder verworfen, wenn sie nicht mehr zueinander passen (Litten 2017; Wolf 2021). Folglich handelt es sich um ein relationales Vorgehen, das nicht richtig oder falsch ist. Vielmehr müssen die Zwischenergebnisse und Teilaspekte der Planung (z.B. Aufgaben, Medien) so aufeinander bezogen werden, dass das Endergebnis der Planung rational zugänglich wird (Kap. 1) und zudem gegenüber den Schüler*innen, den Kolleg*innen, Mentor*innen usw. begründet werden kann.

Leitfragen für die Geschichtsstundenplanung

Geschichtsstundenplanung lässt sich aus unserer Sicht über Planungsfragen systematisieren (s. Abb. 12), die Planungsfragen zugeordnet sind (s. Kap. 1) und sich auf die im Buch entfalteten Planungstätigkeiten beziehen. Die Leitfragen haben wir der Sach- und Bedingungsebene sowie der Didaktischen und Methodischen Ebene zugeordnet (Kap. 1), ohne dass eine solche Zuordnung trennscharf erfolgen kann. Vielmehr stehen insbesondere auf der Methodischen und Didaktischen Ebene komplexe Fragen im Zentrum, die die Ebenen verbinden und sich auf mehrere Kapitel des Buches beziehen. Aus dieser Vernetzung folgt, dass unterschiedliche Fragen den Startpunkt der Planung von Geschichtsunterricht bilden können und sich daraus jeweils andere Folgefragen ergeben.

Sachebene (Kap. 4, 5)

- → Welche historischen Sachverhalte sollen thematisiert werden?
- → Inwiefern tragen sie zur Handlungsorientierung in Gegenwart und Zukunft oder zum exemplarischen Verständnis von Epochen, Theorien, Umgangsweisen etc. bei?
- → Aufgrund welcher weiteren pragmatischen Kriterien (z.B. Lernvoraussetzungen) lassen sie sich begründen?
- → Wie sollen sie als Geschichte(n) der Stunde(n) strukturiert werden (z.B. Längs-, Querschnitt)?

Methodische Ebene (Kap. 3–11)

- → Wie selbstständig sollen die Schüler*innen arbeiten und welches Lehr-Lern-Konzept (z.B. erarbeitendes, forschend-entdeckendes) sowie welche Aktions- und Sozialformen sind dafür geeignet?
- → Welches unterrichtsmethodische Strukturierungskonzept soll mit Blick auf welche sinnliche, epistemologische oder fachliche Ausrichtung der Stunde gewählt werden?
- → Inwiefern lassen sich die gewählten „Methoden“ mit Blick auf die Bedingungs-, Sach- und didaktische Ebene der Stunde oder ihrer Teile begründen (z.B. Passung zu Lernvoraussetzungen, Stundenfrage, Zielen, Medien, Phasen, Aufgaben)?

Bedingungsebene (Kap. 3)

- → Welche geschichtstheoretischen Beliefs vertreten die Schüler*innen?
- → Wie sind die Operationen historischen Denkens ausgeprägt?
- → Wie ist das historische Wissen zweiter Ordnung ausgeprägt?
- → Welchen Grad der Vernetzung und Begründung weisst das historische Wissen erster Ordnung auf?
- → Wie haben sich historisches Denken und Wissen bisher entwickelt?
- → Welche weiteren Bedingungen sind zu berücksichtigen (z.B. sozial, räumlich, technisch)?

Didaktische Ebene (Kap. 3–10)

- → Welche historische Frage soll hinsichtlich welcher Referenzrahmen (z.B. Subjekt) oder epistemologischen Prinzipien (z.B. Alterität) im Zentrum stehen?
- → Welche historischen Medien werden warum (z.B. Bezug zu Sachverhalt, Lernenden) für welche Stundenphase (z.B. Analyse) ausgewählt?
- → Welche Aufgaben, welcher Art (z.B. Diagnose) und Struktur (z.B. offen) sollen warum (z.B. Bezug zu hist. Medien) gestellt werden?
- → Welche Ziele (historisches Wissen erster und zweiter Ordnung, historische Denkoperationen, geschichtstheoretische Beliefs) werden dabei insgesamt und jeweils (z.B. in einzelnen Phasen) adressiert?

Abb. 12: Ebenen und Leitfragen für die Planung von Geschichtsunterricht

Insgesamt wird deutlich, dass es für die Planung von Geschichtsstunden kein allgemeingültiges Vorgehen gibt, das immer funktioniert. Vielmehr muss es auf die jeweilige schulische und geschichtsunterrichtliche Situation angepasst werden. Hierbei hilft es, Optionen der jeweiligen Planungstätigkeiten zu kennen und diese flexibel anwenden zu können. Dies zeichnet professionelles Planen von Geschichtsstunden aus.

Praxisbeispiel 10: Eine Geschichtsstunde planen

Planungssituation

Eine Geschichtslehrperson hat in ihrer 9. Klasse eine Unterrichtsreihe zum Nationalsozialismus initiiert. Währenddessen thematisierte sie bereits den Aufstieg der NSDAP, die Ideologie der Partei, die Struktur ihrer Herrschaft, den Beginn und Verlauf des Zweiten Weltkrieges sowie die organisierte Entrechtung, Verfolgung und Ermordung von ausgegrenzten Personen (z. B. jüdische Menschen, Sinti*zze und Roma*nja). Aus der Literatur und aufgrund ihrer Unterrichtserfahrung weiß die Lehrperson, dass sich (ihre) Schüler*innen in der Auseinandersetzung mit nationalsozialistischen Verbrechen häufig einseitig mit den Überlebenden bzw. Opfern identifizieren, Täter*innen und Zuschauer*innen hingegen oftmals dämonisieren, deren Handeln jedoch mit Verweis auf einen vermeintlichen Befehlsnotstand entschuldigen (z. B. Nitsche 2017). Die Lehrperson sucht daher nach einem Weg, die Präkonzepte der Schüler*innen mit Handlungen von Menschen zu konfrontieren (s. Kap. 3), die in NS-Verbrechen involviert oder von diesen betroffen waren.

Planungsfragen s. Abb. 12

Planungsprozess

Auf der Suche nach geeigneten *Medien* (s. Kap. 9) entdeckt die Lehrperson im Internet die Seite www.zeitzeugen-portal.de. Dort stößt sie auf Videoclips von Zeitzeug*innen, die Einblicke in damalige Handlungsweisen ermöglichen. So berichtet Marcel Reich-Ranicki vom Terror der deutschen Besatzung gegen jüdische Personen im Warschauer Getto, Yitzhak Schwersenz vom Denunziantentum der deutschen Bevölkerung sowie Carl Dirks von Erschießungen hinter der Ostfront. Zunächst erwägt die Lehrperson, die Videoclips als zentrale *Medien* der Stunde (s. Kap. 9) und die Analyse der Aussagen der Zeitzeug*innen als operationales *Stundenziel* festzulegen (s. Kap. 2, 6). Auf diese Weise ließe sich mit den Schüler*innen über die Aussagekraft und -reichweite von Zeitzeug*innen nachdenken, was ihr lohnend erscheint, da Lernende diese häufig als glaubwürdiger einschätzen als andere *Medien* (Bertram 2012). Der *historische Sachverhalt* der Stunde wäre die Erinnerung an nationalsozialistische Verbrechen und ließe sich exemplarisch begründen (s. Kap. 4). Im Zentrum könnte die *historische Frage* stehen, inwiefern sich die Erinnerungen der Zeitzeug*innen an Handlungen während der NS-Verbrechen von den diesbezüglichen Annahmen der Schüler*innen unterscheiden, um Perspektivennachvollzüge anzuregen (s. Kap. 6).

Alternativ sondiert die Lehrperson, ob sich ein historisches Beispiel finden lässt, das sich für eine Fallanalyse unter Einbezug unterschiedlicher Perspektiven auf nationalsozialistische Verbrechen eignet (s. Kap. 5), die von den Lernenden in einem forschend-entdeckenden *Lehr-Lern-Konzept* bearbeitet werden könnte (s. Kap. 11). Zudem überlegt sie, ob es sinnvoll ist, sich auf die Handlungsweisen von einer Personengruppe zu beschränken (z. B. Opfer, Überlebende, Täter*innen). So könnte etwa exemplarisch (s. Kap. 4) gefragt werden (s. Kap. 6), inwiefern und warum sich das Handeln der Täter*innen während der Erschießungen hinter der Ostfront unterschied. Im Rahmen eines Gruppenpuzzle (s. Kap. 11) könnten die

Schüler*innen eine Vielzahl an Interviews betrachten und quellenbasiert Handlungsmöglichkeiten und -motive erschließen.

Zunächst entscheidet sich die Lehrperson dagegen, als *Medien* der Stunden lediglich die Clips der Zeitzeug*innen auszuwählen (s. Kap. 9), da sie weiß, dass deren Aussagekraft und -reichweite begrenzt ist (Bertram 2012). Mit Blick auf die *historische Frage* erscheint es ihr zudem problematisch, die Analyse von Zeitzeug*innenaussagen zum operationalen *Stundenziel* (s. Kap. 2, 6) zu machen. Die Idee, sich lediglich auf eine Gruppe von Personen zu beschränken, verwirft die Lehrperson ebenso, da sie die Präkonzepte der Schüler*innen zum Ausgangspunkt nehmen (s. Kap. 3) und nicht gleich auf eine Personengruppe beschränken möchte. So ist es ihr wichtig, anhand der Handlungsmöglichkeiten und -gründe von Menschen im Kontext der NS-Verbrechen (s. oben) exemplarisch zu zeigen, dass den menschlichen Handlungen selbst während der damaligen Extremsituationen Entscheidungen zugrunde lagen, da sie annimmt, dass diese Einsicht für zukünftige Herausforderungen der Schüler*innen bedeutsam ist (s. Kap. 4). Zudem will sie den Aufbau des diesbezüglichen historischen Wissens adressieren (s. Kap. 2, 3). Die Videoclips wählt sie jedoch aus, um zu Beginn die *historische Frage* der Stunde zu fokussieren, wie und warum die Menschen während der NS-Verbrechen handelten und diesbezügliche Vorannahmen und Vermutungen der Lernenden zu sammeln (s. Kap. 8). Als Referenzrahmen orientiert sie sich dabei am Prinzip des Perspektivennachvollzugs (s. Kap. 6), da die Lernenden Handlungsweisen, -möglichkeiten und -gründe damaliger Personen nachvollziehen sollen. Ausgehend von den angenommenen Präkonzepten der Schüler*innen (s. oben), legt die Lehrperson als inhaltliches *Stundenziel* fest, dass die Schüler*innen prüfen sollen, inwiefern ihre gegenwärtigen diesbezüglichen Annahmen gerechtfertigt sind (s. Kap. 6). Operational adressiert sie folglich alle Aspekte historischen Denkens (s. Kap. 2).

Um die Aussagen der Zeitzeug*innen in den *Phasen* der Analyse und Narrativierung zu untermauern oder zu kontrastieren (s. Kap. 7), sucht sie in (digitalen) Quellensammlungen und Praxiszeitschriften sowie (online veröffentlichter) Fachliteratur nach *Medien*, die den *historischen Sachverhalt* verdeutlichen und von den Lernenden verstanden werden können (s. Kap. 9). Zum jüdischen Widerstand findet sie eine historische Darstellung (Löw 2014) und auf der Seite www.yadvashem.org den Brief eines 1943 am jüdischen Aufstand im Warschauer Ghetto Beteiligten (Anielewicz 1943). Die Lehrperson stellt den Brief ins Zentrum, da er thematisch zum Videoclip von Marcel Reich-Ranicki und zur Stundenfrage passt. Aus der Darstellung wählt sie die Stellen über das Warschauer Ghetto und den Aufstand aus, die den Schüler*innen helfen, den historischen Kontext zu erschließen, während sie andere Aspekte auslässt, da sie vielfältige Formen des jüdischen Widerstands während des NS behandeln.

Auf geeignete Materialien zum Denunziantentum stößt die Lehrperson in einer Praxiszeitschrift (Heinrich/Mierau 2012). Sie wählt hieraus die Anzeige der Frau des NSDAP-Kreisleiters in Würzburg sowie den Einspruch der denunzierten Person, des Würzburger Juden Benno Strauss, aus dem Jahr 1938 aus. Zudem adaptiert sie die chronologische Darstellung des Falls, um den Schüler*innen eine Kontextualisierung zu ermöglichen. Auf den Einbezug weiterer abgedruckter Dokumente (z. B. des Gerichtsprotokolls) verzichtet sie aus Zeitgründen.

Um Handlungsmöglichkeiten und -motive von Täter*innen zu verdeutlichen, sondiert die Lehrperson Quellen in zwei historischen Darstellungen, die sie noch aus ihrer Studienzeit im Schrank hat (Browning 1999; Welzer 2005). Aus Brownings Fallanalyse zur Beteiligung des Reservepolizeibataillons 101 an den Massenmorden in Polen 1942 wählt sie zwei dort abgedruckte Auszüge aus Gerichtsakten zu den nach 1945 geführten Prozessen gegen Gustav M. und Friedrich M. aus, da sie dokumentieren, wie und warum sich ersterer den Morden entzog und zweiter intensiv daran beteiligte. Sie entscheidet sich zudem, einen Auszug aus

Brownings Darstellung miteinzubeziehen, da darin weitere Motive der Beteiligten deutlich werden, die den Schüler*innen helfen können, die Quellen zu kontextualisieren.

Schließlich sucht die Lehrperson in einer Quellensammlung nach Dokumenten, in denen die Sicht von Zuschauenden deutlich wird (Hoppe/Glass 2011). Sie wählt einen Tagebucheintrag von Karl-Heinz L. aus, in dem er beschreibt, wie und warum er und andere Wehrmachtsangehörige 1941 in Lettland Massenerschießungen als Zuschauende beiwohnten. Davon ausgehend, entscheidet sich die Lehrperson, den *historischen Sachverhalt* anhand von Fallanalysen zu ordnen, deren Ergebnisse verglichen werden sollen (s. Kap. 5).

Aufgrund ihrer bisherigen Entscheidungen konkretisiert die Lehrperson die *Phasierung* der Stunde (s. Kap. 7), formuliert mit Blick auf die Lerngruppe *Aufgaben* (s. Kap. 10) und bestimmt das *Lehr-Lern-Konzept* sowie die *Aktions- und Sozialformen* (s. Kap. 11). Entgegen ihrer ursprünglichen Intention entscheidet sich die Lehrperson gegen ein forschend-entdeckendes und für ein erarbeitendes *Lehr-Lern-Konzept* (s. Kap. 11), weil ihr *Stundenziel* und die Auswahl der *Medien* bereits eine spezifische Richtung der Auseinandersetzung mit den *Medien* implizieren.

Da sie weiß, dass beim ausgewählten *historischen Sachverhalt* die Gefahr besteht, dass die Schüler*innen emotional überwältigt werden (z. B. Nitsche 2017), plant die Lehrperson, den Schüler*innen die Auswahl der Fälle (z. B. jüdischer Widerstand, Massenerschießungen) für die *Phasen* der Analyse und Narrativierung selbst zu überlassen (s. Kap. 7). Hinsichtlich des *unterrichtsmethodischen Strukturierungskonzeptes* wählt die Lehrperson die Problemorientierung (s. Kap. 11), da ihr dieser Zugriff passend zum *Ziel* scheint, eine Reflexion der Präkonzepte der Schüler*innen zu fördern (s. Kap. 3).

Um im *Einstieg* bei den Lernenden eine *Kontingenzerfahrung* anzuregen (s. Kap. 8), entscheidet sich die Lehrperson für eine Probleminszenierung anhand der Videoclips der Zeitzeug*innen, indem sie in dieser *Phase* darauf abzielt (s. Kap. 7), dass die Lernenden Unterschiede zwischen ihren Vorstellungen (s. oben) und den Erinnerungen der Zeitzeug*innen feststellen. Die Alternative, eine Diskrepanz zwischen Handlungsmöglichkeiten und -zielen der Zeitzeug*innen zu thematisieren, verwirft sie, da ihr hierfür die Quellen fehlen.

Um die Schüler*innen zur *Konstruktion einer Frage* anzuhalten, formuliert die Lehrperson zuerst einen offenen Arbeitsauftrag (s. Kap. 10): „Entwickle anhand der Aussagen der Zeitzeug*innen historische Fragen." Allerdings will sie sicherstellen, dass die Lernenden ihre Präkonzepte reflektieren (s. oben). Daher entschließt sie sich für eine halboffenen *Aufgabe* (s. Kap. 10):

- Entwickle anhand der Aussagen der Zeitzeug*innen historische Fragen, indem du diese mit deinen Vorstellungen zu Handlungen von Menschen zur Zeit der NS-Verbrechen abgleichst. Halte die Unterschiede und deine Fragen fest.

Für die Präsentation der Videoclips wählt die Lehrperson den Frontalunterricht (s. Kap. 11). Zudem will sie PC und Beamer dafür nutzen, da sie befürchtet, dass es zu lange dauert, *historische Fragen* zu entwickeln, wenn die Schüler*innen die Videoclips auf ihren Tablets schauen, falls es zu technischen Schwierigkeiten kommt. Zudem entscheidet sie sich, die *historischen Fragen* der Schüler*innen im Unterrichtsgespräch, statt in Einzel- oder Partnerarbeit, zu sammeln und am Whiteboard festzuhalten, da sie so die Interessen der Lernenden schnell überblicken und digital festhalten kann, um sie für die Lerngruppe zu sichern.

Um während der *Heuristik* (s. Kap. 8) die Unterschiede zwischen den Vorstellungen der Schüler*innen anhand ihrer Antwortvermutungen und den Erinnerungen der Zeitzeug*innen zu sammeln, wählt die Lehrperson das Unterrichtsgespräch (s. Kap. 11). Als mögliche *historische Fragen* der Schüler*innen erwartet sie zum Beispiel:

- Wie reagierten die jüdischen Personen im Warschauer Getto auf die Repressionen der Deutschen?
- Warum denunzierten Deutsche ihre Mitmenschen und wie reagierten die Denunzierten?
- Warum beteiligten sich die Menschen an den Morden?

Als Antwortvermutungen erscheinen ihr folgende Aussagen wahrscheinlich:

- Die Menschen im Warschauer Getto konnten nichts gegen die Gewaltmaßnahmen tun.
- Die Menschen denunzierten und mordeten, weil sie mussten oder es wollten.
- Wer denunziert wurde, hatte keine Chance, sich zu wehren.

Am Ende der Heuristik plant die Lehrperson mit den Lernenden die Begriffe Handlung, Handlungsmöglichkeit und Handlungsmotiv zu klären, die in Anlehnung an das Agency-Konzept der Geschichtswissenschaft (Tanner 2012) in den *Phasen* der Analyse und Narrativierung als Deutungsrahmen fungieren sollen. Die Begriffsklärung erfolgt, so die Entscheidung der Lehrperson, im Unterrichtsgespräch (s. Kap. 11) dessen Ergebnisse stichwortartig am Whiteboard festgehalten werden, sodass die Schüler*innen jederzeit digital darauf zugreifen können.

Für die *Phase* der *Analyse* legt die Lehrperson als *Ziel* fest (s. Kap. 7), dass die Lernenden ihre *historischen Fragen* hinsichtlich Handlungen, -möglichkeiten und -motiven anhand der *historischen Medien* zu einem Fall (F1: Jüdischer Widerstand im Warschauer Ghetto; F2: Denunziation von Benno Strauss, F3: Wehrmachtsangehörige als Zuschauende bei Massenerschießungen in Lettland 1941, F4: Verstrickung von Polizisten in Massenerschießungen in Polen 1942) beispielhaft beantworten, indem sie eine Deutung hinsichtlich ihrer Frage anhand der genannten Kategorien konstruieren (s. Kap. 3) und ihre Vorannahmen damit abgleichen.

Die Lehrperson formuliert zunächst einen durchstrukturierten Arbeitsauftrag (s. Kap. 10): „1. Wähle einen Fall aus (F1–F4). Markiere in den Materialien die Stellen, die dir bei der Beantwortung deiner historischen Frage helfen. 2. Gleiche die Stellen mit den Begriffserklärungen von ‚Handlung', Handlungsmöglichkeit' und ‚-motiv' ab und notiere, welche ‚Handlungen', ‚Handlungsmöglichkeiten' und ‚-motive' in den Materialien deutlich werden. 3. Vergleiche diese mit deinen Antwortvermutungen, halte Gemeinsamkeiten und Abweichungen fest und überlege, wie deine Vermutungen entstanden sein könnten."

Sie entscheidet sich jedoch dafür, einen anstrukturierten Auftrag zu erteilen (s. Kap. 10), der die Schritte der Quellenbearbeitung nicht anleitet, jedoch zur Reflexion der Vorannahmen und Gründe derselben auffordert, da sie mit Blick auf die Lernvoraussetzungen ihrer Schüler*innen weiß (s. Kap. 2), dass die meisten *historische Medien* inzwischen selbstständig analysieren können, ihre Vorannahmen jedoch selten reflektieren:

1. Wähle einen Fall aus (F1–F4). Untersuche die Materialien hinsichtlich deiner historischen Frage.
2. Vergleiche deine Ergebnisse mit deinen Antwortvermutungen, halte Gemeinsamkeiten und Abweichungen fest und überlege, wie deine Vermutungen entstanden sein könnten.

Für den Fall, dass einzelne Schüler*innen Schwierigkeiten haben, plant sie den durchstrukturierten Arbeitsauftrag als Scaffold bereitzuhalten (s. Kap. 10). Mit Blick auf die Sozialform prüft sie zunächst, ob sich Einzel-, Partner- oder Gruppenarbeit eignen und entschließt sich dann für eine Kombination (s. Kap. 11). Dem Think-Pair-Share-Prinzip folgend (Hepp 2010), entscheidet sie sich dafür, den ersten Arbeitsauftrag in Einzelarbeit und den zweiten in Partner- oder Gruppenarbeit bearbeitet zu lassen; je nachdem wie viele Schüler*innen denselben Fall gewählt haben.

Für die *Phase* der *Narrativierung* (s. Kap. 7) sondiert die Lehrperson Möglichkeiten der *Auswertung*, um die Arbeitsergebnisse mit den *historischen Fragen* der Schüler*innen aus dem *Einstieg* zu verknüpfen. Zunächst erwägt sie ein digitales Tool (z. B. Padlet) für die Sammlung der Gruppenergebnisse und die Diskussion derselben via Kommentarfunktion. Parallel prüft sie, inwiefern eine plakatgestützte Gruppenpräsentation etwa als Vortrag, Gallery Walk oder Worldcafé mit anschließender Klassendiskussion geeignet ist (s. Kap. 11). Schließlich entscheidet sie sich für eine Mischform. So plant sie, dass die Gruppenergebnisse mittels Padlet digital festgehalten werden, damit alle Schüler*innen mit ihren Tablets darauf zugreifen können. Zudem sieht die Lehrperson eine Präsentation der Gruppenergebnisse vor der Klasse vor, wobei jeder Fall von jeweils einer Gruppe vorgestellt werden soll und weitere Schüler*innen, die sich mit demselben Fall beschäftigt haben, ergänzen können.

Für den Vergleich der Fälle und den Abgleich der Ergebnisse mit den Vorannahmen erwägt sie das Unterrichtsgespräch oder die Einzelarbeit (s. Kap. 11). Sie entscheidet sich dafür, die Wahl davon abhängig zu machen, wie die Präsentationen der einzelnen Fälle gelaufen sind und wieviel Zeit danach noch übrig ist. Zudem nimmt sie sich mit Blick auf die historische Orientierung vor, mit den Schüler*innen zu besprechen, was diese aus den Fallanalysen für sich lernen, falls von ihnen deren Gegenwartsrelevanz angesprochen wird, jedoch darauf zu verzichten, wenn ein Ansprechen unterbleibt, um eine Überwältigung der Schüler*innen zu vermeiden, da sie weiß, dass es gesellschaftlich umstritten ist, inwiefern ein Lernen aus nationalsozialistischen Verbrechen möglich ist (Nitsche 2017). Abschließend hält die Lehrperson ihre Verlaufsplanung fest und formatiert die *historischen Medien* (s. unten).

Videoclips

Marcel Reich-Ranicki: https://www.zeitzeugen-portal.de/videos/MAMKCXuwtec

Yitzhak Schwersenz: https://www.zeitzeugen-portal.de/videos/HWTYQo7aL7Q

Carl Dirks: https://www.zeitzeugen-portal.de/videos/3zg7K2xKsgM

Literatur

Bertram, Christiane 2012: Wirksamkeit von Zeitzeugenbefragungen im Geschichtsunterricht: Ein Beitrag für die empirische Geschichtsdidaktik. In: Geschichte für heute. Zeitschrift für historisch-politische Bildung, Jg. 5, Heft 3, 21–33.

Hepp, Ralph 2010: Think – Pair – Share – Create. Ein für die Differenzierung unersetzliches Methoden-Werkzeug. In: Naturwissenschaften im Unterricht Physik, Jg. 21, Heft 117/118, 64–71.

Nitsche, Martin 2017: Handelnde zur Zeit der NS-Verbrechen im Geschichtsunterricht thematisieren – virtuelle Impulse für den Conceptual Change nutzen. In: Geschichte für heute. Zeitschrift für historisch-politische Bildung, Jg. 9, Heft 1, 26–39.

Tanner, Jakob 2012, Historische Anthropologie, Version: 1.0, in: Docupedia-Zeitgeschichte, Version vom 3.1.2012, veröffentlich unter: http://dx.doi.org/10.14765/zzf.dok.2.278.v1 [September 2022].

Welzer, Harald 2005: Täter. Wie aus ganz normalen Menschen Massenmörder werden, S. Fischer, Frankfurt/M.

Verlaufsplanung		
Phase	**Lehrimpuls und Antwortmöglichkeiten**	**Aktions-/Sozialformen, Medien**
Kontingenzerfahrung	**Auftrag:** Entwickle anhand der Aussagen der Zeitzeug*innen historische Fragen, indem du diese mit deinen Vorstellungen zu Handlungen von Menschen zur Zeit der NS-Verbrechen abgleichst. Halte die Unterschiede und deine Fragen fest.	*Unterrichtsgespräch,* *Videoclips von* • Marcel Reich-Ranicki • Yitzhak Schwersenz • Carl Dirks
Historische Frage	**Antwortmöglichkeiten** • Wie reagierten die jüdischen Personen im Warschauer Getto auf die Repressionen der Deutschen? • Warum denunzierten Deutsche ihre Mitmenschen und wie reagierten die Denunzierten? • Warum beteiligten sich die Menschen an den Morden?	*Tablet, Whiteboard*
Heuristik	**Auftrag:** Stelle erste Vermutungen an, wie deine Frage beantwortet werden könnte. **Antwortmöglichkeiten** • Die Menschen im Warschauer Getto konnten nichts gegen die Gewaltmaßnahmen tun. • Die Menschen denunzierten und mordeten, weil sie mussten oder es wollten. • Wer denunziert wurde, hatte keine Chance, sich zu wehren. **Begriffsklärungen** • „Handlung“ als Agieren von Menschen in einem Kontext • „Handlungsmöglichkeit“ als örtlicher und sozialer Rahmen, der Handlungen eröffnet oder verhindert • „Handlungsmotiv“ als Mischung aus Zielvorstellungen und Fähigkeiten, die Entscheidung zum Handeln begründen	*Unterrichtsgespräch, Whiteboard*
Analyse & Narrativierung	**Aufträge** 1. Wähle einen Fall aus (F1–F4). Untersuche die Materialien hinsichtlich deiner historischen Frage. 2. Vergleiche deine Ergebnisse mit deinen Antwortvermutungen, halte Gemeinsamkeiten und Abweichungen fest und überlege, wie deine Vermutungen entstanden sein könnten.	*Einzelarbeit, Gruppenarbeit, Materialien zu F1–F4, Tablet*

Narrativierung	**F1: Jüdischer Widerstand im Warschauer Getto** **Brief Anielewicz** Handlungen • gewaltsamer Widerstand gegen Deutsche im Warschauer Getto • mehrstündige Kämpfe • Waffenbeschaffung Motive • in Erinnerung bleiben • nicht kampflos sterben • Rache üben **Darstellung Löws** Handlungen • Bildung von Untergrundorganisationen • gewaltsamer Widerstand gegen Deutsche: Bunkerbau, militärischer Kampf • kulturelle Aktivitäten wie Theater, Archive Handlungsmöglichkeiten • durch dt. Repression stark eingeschränkt • durch militärische dt. Übermacht gering Motive • in Erinnerung bleiben • Gegenwelt gegen Getto schaffen • nicht kampflos aufgeben **F2: Denunziation von Benno Strauss** **Anzeige August S.** Handlung • Meldung an die Gestapo über einen Bericht der Frau von August S., dass Benno Strauss in ihren Hauseingang gespukt und mit ihr gestritten habe Handlungsmöglichkeiten • freie Entscheidung, ob Anzeige erfolgt oder nicht Motiv • Wunsch, die Polizei möge „gegen die Unverschämtheit des Juden" einschreiten	*Gruppenpräsentationen vor der Klasse, Unterrichtsgespräch, Materialien zu F1–F4, Tablet, Whiteboard*

Narrativierung	**Protokollergänzung von Benno Strauss** Handlung • Benno Strauss ergänzt in seinem Vernehmungsprotokoll handschriftlich die Bitte um Freilassung Handlungsmöglichkeit • aufgrund von Polizeihaft, drohender Schutzhaft und (später tatsächlich erfolgter) Verschleppung und Ermordung stark eingeschränkt Motive • Erklärung seines Verhaltens als „Gedankenlosigkeit" • Verdeutlichung seiner Einschätzung des Vorfalls als „zweifelhaftes Delikt" • Erreichen der Freilassung **F3: Wehrmachtsangehörige als Zuschauende bei Massenerschießungen in Lettland 1941** **Tagebucheintrag von Karl-Heinz L.** Handlung • Karl-Heinz L. beobachtet zusammen mit anderen Wehrmachtsangehörigen Erschießungen in der Nähe eines Strandes in Lettland und unterhält sich darüber mit anderen Zuschauenden Handlungsmöglichkeiten • freie Entscheidung, ob zugeschaut und kommentiert wird oder nicht • keine Optionen für die Opfer Motive • grausame Neugier • Genugtuung für angebliche Taten der Ermordeten („Heckenschützen") • Mordlust • Bewunderung für die Täter („Nerven wie Stahltaue")	

Narrativierung	**F4: Verstrickung von Polizisten in Massenerschießungen in Polen 1942** **Aussage Gustav M.** Handlungen • Nicht-Beteiligung an Morden • Betätigung an der Sammelstelle • Beschimpfung durch Kameraden Handlungsmöglichkeiten • freie Entscheidung zur (Nicht-)Beteiligung, da keine Kontrolle • Sanktionen durch Kameraden waren Konsequenz Motive • entschied sich zum Ausweichen, da er nicht schießen „wollte oder konnte“ **Aussage Friedrich M.** Handlungen • Erschießen von Kindern • Kameraden erschossen Mütter der Kinder Handlungsmöglichkeiten • freie Entscheidung, Kinder zu erschießen oder sich nicht zu beteiligen Motiv • „Erlösung“ der Kinder als quasireligiöser Akt **Darstellung Brownings** Handlungen • Angebot nicht zu schießen durch Leiter der Polizeieinheit • Mordbeteiligung der meisten Polizisten Handlungsmöglichkeiten • Leiter der Einheit stellte Beteiligung am Mord frei • Gruppendruck, nicht aus der Reihe zu treten • keine Konsequenzen durch Vorgesetzte bei Nicht-Beteiligung an Massenmord	

Narrativierung	Motive • Wunsch nach Anerkennung durch Kameraden • Gefühl (bzw. nachträgliche Rechtfertigung) des Befehlsnotstandes • Glaube, dass jüdische Menschen unabhängig von eigener Beteiligung erschossen würden • Akzeptanz der antisemitischen Vorstellung, das jüdische Menschen Feinde sind	
	Vergleich der Ergebnisse der Fallanalysen Handlungen • alle Personen agierten im Rahmen ihrer Handlungsmöglichkeiten	*Unterrichtsgespräch oder Einzelarbeit*
	• Handlungsmöglichkeiten konnten allerdings Handlungsmotive einschränken und ein Handeln aussichtslos erscheinen lassen, z. B. Opfer von Massenerschießungen Handlungsmöglichkeiten • abhängig von Gruppenzugehörigkeit bzw. -zuschreibung (z. B. jüdische Menschen, NSDAP-Mitglied oder Angehörige derselben, Mitglied in Wehrmacht, Polizeieinheiten etc.) Motive: • alle, außer die Mordopfer, trafen eine Entscheidung z. B. Widerstand zu leisten, zu denunzieren, (nicht) zu morden oder den Morden zuzuschauen und nutzen damit Handlungsmöglichkeiten • Entscheidung war abhängig von Handlungsmotiven (z. B. Rache für Verfolgung, Genugtuung für ‚Unverschämtheit von jüdischen Menschen', grausame Neugier und Mord(un)lust) und den Handlungsmöglichkeiten **Gegenwartsbedeutung (falls von Schüler*innen angesprochen; z. B.):** • Selbst in ausweglosen Situationen bestehen oft noch Handlungs- und Entscheidungsmöglichkeiten, die in der Zeit des Nationalsozialismus auf Seiten der Zuschauenden und Täter*innen deutlich größer waren als auf Seiten der Opfer.	*Unterrichtsgespräch oder Einzelarbeit*

F1 Jüdischer Widerstand im Warschauer Getto

M1

Letzter Brief aus dem Warschauer Getto von Mordechai Anielewicz (geb. 1919 o. 1920, gest. 1943) vom 23. April 1943 an einen Freund. Er führte als Kommandant des Jüdischen Kampfbundes (ZOB) einen Teil des bewaffneten Widerstandes im Getto:

Ghetto Warschau, 23. April 1943

Was über uns ergangen ist, lässt sich mit Worten nicht beschreiben. Es ist etwas vorgefallen, das unsere kühnsten Träume übersteigt. Die Deutschen sind zweimal aus dem Ghetto ausgerissen. Eine Kompanie der Unseren hielt 40 Minuten stand und die andere über fünf Stunden. [...] Einige Kompanien Unsriger griffen die fliehenden Deutschen an. Unsere Verluste an Menschen sind ganz gering. Auch das ist ein Erfolg. [...] Ich spüre, dass große Dinge geschehen und dass das, was wir auszuführen gewagt haben, von ungeheuer großem Wert ist [...].

Heute Nacht ziehen drei Kampfkompanien aus, mit zwei Aufträgen: Erkundungsstreife und Waffenbeschaffung. [...] Wir brauchen dringend: Granaten, Gewehre, Maschinengewehre und Sprengstoff.

Ich kann Euch nicht die Bedingungen beschreiben, unter denen jetzt die Juden des Ghettos existieren. Nur einzelne werden durchhalten können. Die übrigen werden früher oder später umkommen. Ihr Los ist besiegelt. Fast in allen Verstecken, in denen sich Tausende verborgen halten, kann man aus Luftmangel keine Kerze anzünden.

Über unser Funkgerät haben wir eine wunderbare [Radio-] Sendung des Senders ‚Swiat' über unseren Kampf gehört. Dass sie sich jenseits der Ghettomauern an uns erinnern, ermutigt uns in unserem Kampf. Fahre wohl, mein Freund! Vielleicht sehen wir uns noch wieder! Der Traum meines Lebens hat sich erfüllt. Der bewaffnete jüdische Widerstand und die Rache sind zur Tat geworden. Ich bin Zeuge wunderbaren heldenhaften Kämpfens der jüdischen Kämpfer geworden.

M[ordechai] Anielewicz

Aus: Anielewicz, Mordechaj 1943/2006: Der letzte Brief. Ghetto Warschau, 23. April 1943. In: Bacharach, Walter Zwi (Hg.): Dies sind meine letzten Worte ... Briefe aus der Shoah, Wallstein, Göttingen, 103.

M2

Auszug aus einer Darstellung von Andrea Löw über den jüdischen Aufstand im Warschauer Getto aus dem Jahr 2014:

Im Warschauer Getto, dem größten im besetzten Polen, waren die Lebensbedingungen derart katastrophal, dass knapp 100.000 Menschen – fast ein Viertel der Bevölkerung – noch vor dem 22. Juli 1942, dem Beginn der Deportationen in das Vernichtungslager Treblinka, starben. [...] Trotz oder gerade wegen dieser Bedingungen waren zahlreiche Menschen im Getto in Kultur und Bildung tätig [... z.B. Konzerte, Theateraufführungen, Schulunterricht]. [...] In engem Zusammenhang mit diesen kulturellen Aktivitäten stehen die Versuche der Menschen, Leben und Sterben zu dokumentieren, die Erinnerung an sie und ihre Leiden mitzubestimmen. Diese Motivation war [...] der Auslöser für die Gründung eines Untergrundarchivs bereits im November 1940. [...]

Allen Versuchen, Leben zu organisieren und zu retten, setzten die Deutschen ein jähes Ende: Am 22. Juli 1942 begann die Deportation der Warschauer Juden. Bis zum 21. September verschleppten die Besatzer zwischen 260.000 und 300.000 Männer, Frauen und Kinder in das Vernichtungslager Treblinka und ermordeten sie dort – über 10.000 erschossen sie noch in Warschau, mehr als 11.000 Menschen deportierten sie in andere Lager. Danach lebten im verkleinerten „Restgetto" noch etwa 60.000 Juden, offiziell gemeldet waren lediglich 35.000. [...]

Ende 1942 gelang es, die bis dahin zumeist einzeln agierenden verschiedenen Untergrundgruppierungen in der Jüdischen Kampforganisation [ZOB] zu vereinen. [...] In der Nacht vom 18. auf den 19. April 1943 begannen Gendarmen, das Getto zu umstellen, woraufhin die Kämpfer, die sie bereits erwarteten, das Feuer eröffneten. [...] In den nächsten Tagen kam es immer wieder zu vereinzelten Kämpfen, doch setzte sich nun die deutliche Übermacht der schwer bewaffneten SS durch. [...] Am 8. Mai entdeckten sie [Einheiten der SS] den Bunker der Kommandantur der Jüdischen Kampforganisation mit Mordechai Anielewicz an der Spitze. Sie umstellten ihn, blockierten die Ausgänge und leiteten Gas hinein, um die Kämpfer zur Aufgabe zu zwingen. Anielewicz und seine Kameraden nahmen sich vermutlich das Leben.

Aus: Löw, Andrea 2014: Widerstand und Selbstbehauptung von Juden im Nationalsozialismus. In: Aus Politik und Zeitgeschichte, Jg. 64, Heft 27, 25–30.

F2 Denunziation von Benno Strauss

M1

‚Meldung' des NSDAP-Kreisleiters August S. bei der Gestapo Würzburg, eingereicht am 15.10.1938:

Als ich heute Mittag nach Hause kam, fand ich meine Ehefrau in einem sehr großen Erregungszustand vor. Auf Befragen erzählte sie mir folgendes:
Als ich heute Vormittag [...] meinen Hausgang reinigte, kam ein Herr im Alter von etwa 50 Jahren in das Haus und spuckte zweimal auf die von mir soeben gereinigte Hausgangstreppe. Ich äußerte hierauf: ‚Das ist aber allerhand.' Darauf entgegnete dieser Herr: ‚Was wollen Sie?', worauf ich ihm entgegnete: ‚Sie sehen doch, dass ich soeben meine Hausgangstreppe geputzt habe. Und nun spucken Sie mir auf die frisch geputzte Treppe.'
Er schrie mich darauf an und sagte: ‚Wenn es Ihnen nicht passt, dann können Sie ...!' Den weiteren Zusatz konnte ich infolge der Erregung nicht mehr verstehen. [...]
Unterzeichneter hat hierauf sofort Feststellungen gemacht, um wen es sich hier handelt, und es konnte festgestellt werden, dass es sich um den jüdischen Kassierer der jüdischen Kultusgemeinde namens Strauß [sic!] handelt. [...] Vorstehende Meldung gebe ich Ihnen hiermit zur Kenntnis und bitte, gegen die Unverschämtheit des Juden einzuschreiten. [...]

M2

Handschriftliche Ergänzung von Benno Strauss zu seinem Vernehmungsprotokoll, 30.10.1938:

Meinem am 20. unterschriebenen Protokoll möchte ich nachtragen, dass mir weder die Dame, noch deren Name sowie der Stand ihres Ehemannes bekannt war. Auch habe ich die Dame erst nach dem Vorfall gesehen [...]. Der Vorfall, unabsichtlich durch meine Gedankenlosigkeit hervorgerufen, tut mir ganz außerordentlich leid, ich bin gerne bereit, der Dame jede Entschuldigung zu geben, denn ich beleidige niemand. Da ich ohne Vermögen bin, so muss meine Familie einzig und allein von meinem Verdienst leben. Ich bitte daher, in Anbetracht des zweifelhaften Deliktes meine Haft aufzuheben, damit auch ich meine Familie ernähren kann, ohne das Wohlfahrtsamt in Anspruch nehmen zu müssen.
Ich erbitte mir Ihre gütige wohlwollende Nachricht.
Hochachtungsvollst
Benno Strauss z.Z. in Polizeihaft.

M3

Chronologie der Denunziation von Benno Strauss und dessen Folgen. Abgewandelt nach Heinrich und Mierau (2012, 21f.):

- *14.10.1938:* Benno Strauss betrat den Hauseingang eines Würzburger Mietshauses. Er spuckte ein paar Krümel seiner Zigarre auf den Boden, der gerade von Karoline S., der Ehefrau des NSDAP-Kreisleiters, gewischt worden war. Am nächsten Tag erstattete der Ehemann Anzeige.
- *20.10.1938:* Strauss wird in Polizeihaft genommen.
- *4.11.1938:* Die Polizeihaft wird zur „Schutzhaft" erweitert.
- *7.1.1939:* Die „Schutzhaft" wird vorübergehend aufgehoben. Strauss versucht vergeblich, nach Palästina oder Bolivien auszuwandern.
- *Sommer 1940:* Die Gestapo entzieht Strauss das Aufenthaltsrecht in Würzburg. Er arbeitet daraufhin im jüdischen Umschulungslager Radinkendorf an der Oder.
- *Frühjahr 1942:* Als das Lager 1942 von der SS aufgelöst wird, setzt das Reichssicherheitshauptamt den „Schutzhaftbefehl" vom 4.11.1938 erneut in Kraft.
- *14.4.1942:* Strauss wird verhaftet und ins Warschauer Getto deportiert.
- *Anfang Juni 1942:* Strauss schreibt als letzte Nachricht an seine Familie, er werde ‚in Marsch gesetzt'. Er wurde vermutlich, wie Tausende andere jüdische Personen, ins Vernichtungslager Treblinka verschleppt und dort ermordet.

Aus: Heinrich, Antonia/Mierau, Peter 2012: Denn sie wussten nicht, was sie tun? In: Praxis Geschichte, Jg. 25, Heft 5, 18–22.

F3 Wehrmachtsangehörige als Zuschauende bei Massenerschießungen in Lettland 1941

M1

Karl-Heinz L. beschreibt in seinem Tagebucheintrag vom 15. Juli 1941 wie er gemeinsam mit anderen Wehrmachtsangehörigen die Massenerschießung von Juden in Liepāja, dt. Libau (Lettland) beobachtete. Wenige Tage später forderte der Kommandant von Libau, Fregattenkapitän Dr. Hans Kawelmacher, 100 weitere SS-Männer und 50 Polizisten an, um die Exekutionen zu beschleunigen. Bereits am 24. Juli 1941 traf Viktor Arājs mit seinem lett. Exekutionskommando in Liepāja ein, dessen Angehörige in den folgenden beiden Tagen mehrere hundert jüdische Männer erschossen.

Libau, 15. Jl.

Ein drückender Sommertag geht zu Ende. Wir haben uns das Motorboot klargemacht und fahren hinüber an den Strand. Nach des Tages Dienst und Hitze tut ein kühles Bad unendlich wohl. [...] Langsam schlendern wir [anschließend] zurück und stoßen unweit des Strandes auf einen Haufen Menschen, [...]. Auf den Bunkern, die hier liegen, überall drängt sich Marine und Militär. [...] Man denkt auf den ersten Blick, hier findet eine Sportveranstaltung statt [...], wenn auch etwas anderer Art. Wir sind auf dem Platz angelangt, auf dem allabendlich so und soviele Heckenschützen erschossen werden. [...]

Ringsum stehen Soldaten, ich schätze rund 600–800 Mann stehen hier um ihre grausame Neugier zu befriedigen. Es werden ja aber auch wohl sicher einige hier sein, die durch die Hand dieser Heckenschützen ihre besten Kameraden verloren haben, und denen kann man ja nachfühlen, daß sie diese Genugtuung mit ansehen möchten. Schräg vor mir liegt der ominöse Graben [...]. Zigarettenrauchend und schwatzend stehen alle Besucher dieser ‚Zirkusvorstellung' da, als der erste Wagen eintrifft. Ein Lkw; man sieht nur zwei Männer der lettischen Heimwehr darauf sitzen. Der Wagen stoppt. ‚Raus, raus', ertönts von einem SS-Mann, und plötzlich sehen wir 5 Mann Köpfe hochkommen. Irrsinnige Angst verzerrt ihr Gesicht. ‚Los, raus, dalli' [...] und die fünf Mann werden in ihr offenstehendes Grab getrieben. Der letzte, ein alter, ziemlich krummer Jude erhält noch einen Tritt in das Achterteil und landet mit Schwung im Graben. Hier und da ertönt ein rohes Lachen. Hier und dort recken sich Hälse, um nur ja nicht etwas von diesem Schauspiel zu entbehren. [...] Was mag in diesem Moment in den Verurteilten vorgehen?

Inzwischen ist das Exekutivkommando auf den Grabenrand getreten. Es sind zehn Mann, es kommen also zwei Schützen auf jeden. Ein SS-Feldwebel gibt das Kommando. ‚Fertigmachen!' Zehn Gewehre richten sich auf die Nacken der

Verurteilten. ‚Feuer.' Wie ein scharfer Peitschenknall hören sich die Schüsse an. Das Peloton [Erschießungskommando] tritt zurück. Man sieht, wie einige der Schützen sich sofort umdrehen, einige andere schauen interessiert in den Graben; in dem die Delinquenten zusammengesunken sind. Nun tritt der Feldwebel heran, in der Hand die Maschinenpistole. Aufmerksam schaut er auf die Toten. Das Peloton hat anscheinend gut gefeuert, er geht von einem zum anderen. Beim letzten endlich hebt er sein Gewehr, er zögert noch, da, ein ganz kurzer trockener Knall, und die Exekution ist vorbei. Ein Wink, und Heimwehrleute [...] greifen zum Spaten und werfen Sand auf die Leichen. Alles geht ruckzuck. Die ganze Exekution hat nur wenige Minuten gedauert. Das Peloton steht zusammen, erzählend und rauchend. Ich studiere die Gesichter der Umstehenden. Teilnahmslosigkeit, Gleichgültig[keit] oder Befriedigung steht in ihnen geschrieben. Ein neben mir stehender, etwa 20jähriger Jüngling gibt seine Meinung zum besten. ‚Man müßte diese Banditen mit dem Bajonett totstechen, abstechen wie die Schweine.' Auf meine Frage, ob er dieses Henkeramt übernehmen wolle, meint er naiv lächelnd: ‚Ja.' [...] Fünfmal war das Auto gekommen, fünfundzwanzig Mann sind heute erschossen worden. [...]

Wie mag es in dem Innern der Schützen aussehen? Abend für Abend diese Arbeit, das kann nur etwas sein für Leute, die von Natur Nerven wie Stahltaue besitzen. Auch wir begeben uns wieder auf den Heimweg, lachend und schwatzend unterhalten sich die Meisten und können sich nicht grausig genug das Erlebte ausmalen. Mir wird wahrscheinlich das Gesehene ewig gegenwärtig bleiben. Es gehört zu dem Erlebten, das man nie vergessen wird.

Aus: Hoppe, Bernd/Glass, Hildrun (Hg.) 2011: Die Verfolgung und Ermordung der europäischen Juden durch das nationalsozialistische Deutschland 1933–1945, Bd. 7: Sowjetunion mit annektierten Gebieten I, Oldenbourg, München, 171–173.

F4 Verstrickung von Polizisten in Massenerschießungen in Polen 1942

M1

Gustav M. aus Hamburg beschreibt in seiner Aussage während des Gerichtsverfahrens nach dem Ende des zweiten Weltkrieges wie er sich als Wehrpflichtiger des Reservepolizeibataillons 101 verhalten hat als der Leiter des Bataillons, Major Trapp, im Jahr 1942 den Mordbefehl gab und zugleich anbot, nicht schießen zu müssen. Die Aussage ist in den Gerichtsakten protokolliert und in der Darstellung von Browning (1999, 99) abgedruckt.

Es war aber keinesfalls so, daß derjenige, der die Erschießung der Menschen durch eigene Hand nicht durchführen wollte oder konnte sich von dieser Aufgabe nicht auch fernhalten konnte. Es wurde hier keine scharfe Kontrolle durchgeführt. Ich blieb also bei den ankommenden Lkws und betätigte mich auch an der Ankunftsstelle, jedenfalls gab ich meinem Verhalten einen solchen Anschein. Es ließ sich nicht vermeiden, daß der eine oder andre meiner Kameraden bemerkte, daß ich nicht mit zur Exekution ging, um Schüsse auf die Opfer abzufeuern. Sie bedachten mich daher mit Bemerkungen [wie] ‚Scheißkerl', ‚Blutarmer' u. a., womit sie ihr Mißfallen zum Ausdruck brachten. Irgendwelche Folgen sind daraus für mich nicht entstanden. Ich muß erwähnen, daß ich nicht der einzige war, der sich von der Beteiligung an den Exekutionskommandos fernhielt.

M2

Friedrich M. aus Hamburg war ebenfalls Wehrpflichtiger des Reservepolizeibataillons 101. Er beschreibt im selben Gerichtsverfahren sein Verhalten während der Massenmorde. Die Aussage ist in den Gerichtsakten protokolliert und in der Darstellung von Browning (1999, 107) abgedruckt.

Ich habe mich, und das war mir möglich, bemüht, nur Kinder zu erschießen. Es ging so vor sich, daß die Mütter die Kinder bei sich an der Hand führten. Mein Nachbar erschoß dann die Mutter und ich das dazugehörige Kind, weil ich mir aus bestimmten Gründen sagte, daß das Kind ohne seine Mutter doch nicht mehr leben konnte. Es sollte gewissermaßen eine Gewissensberuhigung für mich selbst sein, die nicht ohne ihre Mutter mehr lebensfähigen Kinder zu erlösen.

M3

Der Historiker Christopher Browning (1999, 105–108) beschreibt in seiner viel beachten historischen Darstellung die Motive von ‚normalen Männern' für ihre Beteiligung an den Massenmorden an jüdischen Menschen. Viele Beteiligte waren als Wehrpflichtige zum Dienst im Reservepolizeibataillon 101 eingezogen worden. Sie kamen überwiegend aus Hamburg direkt aus ihrem Zivilleben. Dorthin kehrten sie nach dem Krieg zurück und nahmen erneut unauffällig am bürgerlichen Leben teil. Daher spricht Browning von ‚normalen Männern'.

In Józefów [dem Ort der Massenerschießung Polen] hatten nur ein Dutzend der knapp 500 Männer instinktiv auf Major Trapps Angebot [nicht morden zu müssen] reagiert [...]. Warum waren es nur so wenige Männer, die gleich von Anfang an erklärten, daß sie nicht bereit seien zu schießen?

Zum Teil lag es wohl daran, daß das Angebot so plötzlich kam. Die Männer wurden von der ‚Aktion' in Józefów völlig überrascht. [...] Eine ebenso wichtige Rolle [...] spielte der Konformitätsdruck: Als Uniformierter identifiziert man sich grundsätzlich mit seinen Kameraden und hat das starke Bedürfnis, sich nicht durch rasches Aus-der-Reihe-Treten von der Gruppe zu trennen [...].

Die meisten der vernommenen Polizisten bestritten [im Gerichtsverfahren nach dem Zweiten Weltkrieg], überhaupt eine Wahl gehabt zu haben. Als sie daraufhin mit der Aussage ihrer ehemaligen Kollegen konfrontiert wurden, stellten viele von ihnen Trapps Angebot [nicht zu schießen] nicht in Abrede, behaupteten aber, diesen Teil der Rede nicht gehört zu haben beziehungsweise sich nicht daran erinnern zu können. Ein paar Täter machten den Versuch, sich der Frage nach der eigenen Entscheidungsfreiheit zu stellen, fanden aber nicht die entsprechenden Worte [...].

Neben der bequemen [...] Erklärung, daß das Schicksal der Juden unabhängig von der Beteiligung oder Nichtbeteiligung an den Erschießungen das gleiche geblieben wäre, entwickelten die Polizisten noch weitere Rechtfertigungen. [... Dabei fällt auf], daß bei den Vernehmungen die Frage des Antisemitismus überhaupt nicht diskutiert wurde [...]. Eindeutig ist, daß den Polizisten die Sorge um das eigene Ansehen bei den Kameraden wichtiger war als irgendein Gefühl menschlicher Verbundenheit mit den Opfern. Die Juden standen für sie außerhalb des Kreises, in dem man mitmenschliche Verpflichtungen empfand. [... So] akzeptierten sie doch zumindest, daß die Juden zum allgemeinen Feindbild gehörten.

Aus: Browning, Christoph 1999: Ganz normale Männer. Das Reservepolizeibataillon 101 und die „Endlösung" in Polen, Rowohlt, Reinbek bei Hamburg.

Literaturverzeichnis

Adamski, Peter 2013: Gruppen- und Partnerarbeit im Geschichtsunterricht. Historisches Lernen kooperativ, Wochenschau, Schwalbach/Ts.

Adamski, Peter 2017: Aufgaben, Materialien, Lernhilfen. Der Mikroprozess binnendifferenzierten historischen Lernens. In: Geschichte lernen, Jg. 30, H. 178, S. 2–11.

Adamski, Peter 2021: Binnendifferenzierung mit dem Geschichtsbuch, Wochenschau, Frankfurt/M.

Aitken, Robbie/Rosenhaft, Eve 2013: Black Germany. The Making and Unmaking of a Diaspora Community 1884–1960, University Press, Cambridge.

Aly, Götz 2021: Das Prachtboot. Wie Deutsche die Kunstschätze der Südsee raubten, S. Fischer, Frankfurt/M.

Ammerer, Heinrich 2016: Filmanalyse. Arbeitsblätter für einen kompetenzorientierten Geschichtsunterricht, Wochenschau, Schwalbach/Ts.

Ammerer, Heinrich/Windischbauer, Elfriede (Hg.) 2011: Diagnoseaufgaben mit Bildern, Edition polis, Wien.

Anielewicz, Mordechaj 1943/2006: Der letzte Brief. Ghetto Warschau, 23. April 1943. In: Bacharach, Walter Zwi (Hg.): Dies sind meine letzten Worte ... Briefe aus der Shoah, Wallstein, Göttingen, S. 103.

Ashby, Rosalyn u.a. 1997: How Children Explain the „Why“ of History. The Chata Research Project on Teaching History. In: Social Education, Jg. 61, Heft 1, S. 17–21.

Baier, Markus 2020: Die „Mohrenkopf“-Debatte in der Schweiz. In: Südkurier, 22. Juni 2020.

Barricelli, Michele 2011: Problemorientierung. In: Mayer, Ulrich u.a. (Hg.): Handbuch Methoden im Geschichtsunterricht, Wochenschau, Schwalbach/Ts., S. 78–90.

Barricelli, Michele 2017: Darstellungskonzepte von Geschichte im Unterricht. In: Barricelli, Michele/Lücke, Martin (Hg.): Handbuch Praxis des Geschichtsunterrichts, Bd. 2, 2. Aufl., Wochenschau, Schwalbach/Ts, S. 202–223.

Barricelli, Michele 2018: Thematische Strukturierungskonzepte. In: Günther-Arndt, Hilke/Handro, Saskia (Hg.): Geschichts-Methodik. Handbuch für die Sekundarstufe I und II, 6. Aufl., Cornelsen, Berlin, S. 44–60.

Barricelli, Michele u.a. 2012: Historische Kompetenzen und Kompetenzmodelle. In: Barricelli, Michele/Lücke, Martin (Hg.): Handbuch Praxis des Geschichtsunterrichts, Bd. 1, Wochenschau, Schwalbach/Ts, S. 207–235.

Barsch, Sebastian 2020: Inklusiven Geschichtsunterricht planen, Wochenschau, Frankfurt/M.

Barsch, Sebastian/Dziak-Mahler, Myrle 2014: Problemorientierung inklusive – Historisches Lernen im inklusiven Unterricht. In: Amrhein, Bettina/Dziak-Mahler, Myrle (Hg.): Fachdidaktik inklusiv: Auf der Suche nach didaktischen Leitlinien für den Umgang mit Vielfalt in der Schule, Waxmann, Münster, S. 119–132.

Baumgärtner, Ulrich 2015: Wegweiser Geschichtsdidaktik. Historisches Lernen in der Schule, Schöningh, Paderborn.

Bergmann, Klaus 1975: Geschichtsunterricht und Identität. In: Aus Politik und Zeitgeschichte, Jg. 25, Heft 39, S. 19–25.

Bergmann, Klaus 1998: Geschichtsdidaktik. Beiträge zu einer Theorie historischen Lernens, hg. von Ulrich Mayer u.a., Wochenschau, Schwalbach/Ts.

Bergmann, Klaus 2016: Multiperspektivität. Geschichte selber denken, 3. Aufl., Wochenschau, Schwalbach/Ts.

Bernhardt, Markus 2007: Vom ersten auf den zweiten Blick. Eine empirische Untersuchung zur Bildwahrnehmung von Lernenden. In: Geschichte in Wissenschaft und Unterricht, Jg. 7, Heft 8, S. 417–432.

Bernhardt, Markus 2018: Das Spiel im Geschichtsunterricht, 3. Aufl., Wochenschau, Frankfurt/M.

Bertram, Christiane 2012: Wirksamkeit von Zeitzeugenbefragungen im Geschichtsunterricht. Ein Beitrag für die empirische Geschichtsdidaktik. In: Geschichte für heute. Zeitschrift für historisch-politische Bildung, Jg. 5, Heft 3, S. 21–33.

Bertram, Christiane 2017: Zeitzeugen im Geschichtsunterricht, Wochenschau, Schwalbach/Ts.

Blömke, Sigrid u.a. 2006: Analyse der Qualität von Aufgabe aus didaktischer und fachlicher Sicht. Ein allgemeines Modell und seine exemplarische Umsetzung im Unterrichtsfach Mathematik. In: Unterrichtswissenschaft, Jg. 34, Heft 4, S. 330–357.

Bongertmann, Ulrich u.a. 2017: Leitfaden Referendariat im Fach Geschichte, Schwalbach/Ts.

Bormuth, Heike u.a. 2020: Inklusive Diagnostik. Ein Werkzeug zur Planung inklusiven (Geschichts-)Unterrichts. In: Barsch, Sebastian u.a. (Hg.): Handbuch Diversität im Geschichtsunterricht, Wochenschau, Frankfurt/M., S. 338–349.

Borries, Bodo von 2007: Von der Curriculumdebatte um 1970 zur Kompetenzdebatte um 2005. In: Körber, Andreas u.a. (Hg.): Kompetenzen historischen Denkens. Ein Strukturmodell als Beitrag zur Kompetenzorientierung in der Geschichtsdidaktik, Ars Una, Neuried, S. 317–333.

Borries, Bodo von 2015: „Subjektorientiertes" Geschichtslernen ist nur als „identitätsreflektierendes" wünschenswert! In: Ammerer, Heinrich u.a. (Hg.): Subjektorientierte Geschichtsdidaktik, Wochenschau, Schwalbach/Ts, S. 93–129.

Boxtel, Carla van/Drie, Jannet van 2018: Historical Reasoning: Conceptualizations and Educational Applications. In: Metzger, Scott Alan/Harris, Lauren McArthur (Hg.): The Wiley International Handbook of History Teaching and Learning, Wiley-Blackwell, New York, S. 149–176.

Bracke, Sebastian u.a. 2018: Theorie des Geschichtsunterrichts, Wochenschau, Schwalbach/Ts.

Brauer, Juliane 2021: Lied und Musik im Geschichtsunterricht, Wochenschau, Frankfurt/M.

Brockmann, Joseph 1966: Karolus Magnus et Leo papa. Ein Paderborner Epos vom Jahre 799, Schöningh, Paderborn, S. 88–95.

Browning, Christoph 1999: Ganz normale Männer. Das Reservepolizeibataillon 101 und die „Endlösung" in Polen, Rowohlt, Reinbek bei Hamburg.

Buchsteiner, Martin u.a. 2017: Unterschätzte Prinzipien im Geschichtsunterricht. Personalisierung/Personifizierung und Alterität/Fremdverstehen, Books on Demand, Greifswald.

Buchsteiner, Martin u.a. 2018a: Medien analysieren im Geschichtsunterricht, Wochenschau, Frankfurt/M.

Buchsteiner, Martin u.a. 2018b: Operatoren im Fach Geschichte, Books on Demand, Norderstedt.

Buchsteiner, Martin/Düwel, Jan 2021: Urteile im Geschichtsunterricht. In: Geschichte für heute. Zeitschrift für historisch-politische Bildung, Jg. 14, Heft 2, S. 49–64.

Buchsteiner, Martin/Jahnke, Patrick 2021: Digitale Spiele im Geschichtsunterricht, Wochenschau, Frankfurt/M.

Buchsteiner, Martin/Lorenz, Tobias 2019: Verschleierung muslimischer Frauen – Alteritätserfahrungen und Selbstreflexion als Prinzip historischen Lernens. In: Zeitschrift für Geschichtsdidaktik, Jg. 17, S. 46–60.

Buchsteiner, Martin/Scheller, Jan 2021: Differenzierende Lernaufgaben als Baustein für inklusiven Geschichtsunterricht. In: Musenberg, Oliver u.a. (Hg.): Historische Bildung inklusiv. Zur Rekonstruktion, Vermittlung und Aneignung vielfältiger Vergangenheiten, Transcript, Bielefeld, S. 335–355.

Bundeszentrale für Politische Bildung (2019): Wahlbetrug 1989 – als die DDR-Regierung ihre Glaubwürdigkeit verlor, veröffentlicht unter: https://www.bpb.de/kurz-knapp/hintergrund-aktuell/290562/wahlbetrug-1989–als-die-ddr-regierung-ihre-glaubwuerdigkeit-verlor/ [September 2022].

Burckhardt, Jacob 1957: Historische Fragmente, hg. von Emil Dürr und K. F. Koehler, Eichborn, Stuttgart.

Burenhult, Göran/Anati, Emmanuel (Hg.) 1993: Die Menschen der Steinzeit. Jäger, Sammler und frühe Bauern, Bd. 2, Jahr Top Special, Hamburg.

Buschmann, Kai 2000: Luthers Thesenanschlag. Tatsache, Erfindung oder Legende mit Wahrheitsgehalt? In: Praxis Geschichte, Heft 1, S. 56 f.

Childe, Vere Gordon 1930: The Bronze Age, University Press, Cambridge.

Demantowsky, Marko 2018: Unterrichtsmethodische Strukturierungskonzepte. In: Günther-Arndt, Hilke/Handro, Saskia (Hg.): Geschichts-Methodik. Handbuch für die Sekundarstufe I und II, 6. Aufl., Cornelsen, Berlin, S. 61–74.

Dräger, Marco 2021: Denkmäler im Geschichtsunterricht, Wochenschau, Frankfurt/M.

Droysen, Johann Gustav 1868: Grundriss der Historik, Veit, Leipzig.

Drüding, Markus/Schlutow, Martin 2019: Vergleich(en) im Geschichtsunterricht, Wochenschau, Frankfurt/M.

Duchhardt, Heinz 2007: Der Sonne gleich? Absolutismus und Absolutismusdiskussion. In: Praxis Geschichte, Heft 4, S. 6.

Duchhardt, Heinz/Schnettger, Matthias 2015: Barock und Aufklärung, De Gruyter, Oldenburg.

Ebeling, Hans 1966: Zur Didaktik und Methodik des Geschichtsunterrichts, Hermann Schroedel, Hannover.

Faber, Karl Georg 1992: Hermeneutik, Verstehen. In: Bergmann, Klaus u.a. (Hg.): Handbuch der Geschichtsdidaktik. 4. Aufl., Klett, Seelze-Velber, S. 127–130.

Fina, Kurt 1973: Geschichtsmethodik. Die Praxis des Lehrens und Lernens, Ehrenwirth, München.

Fischer, Fritz 1961: Griff nach der Weltmacht. Die Kriegszielpolitik des kaiserlichen Deutschland 1914/18, Droste, Düsseldorf.

Fogo, Bradley 2014: Core Practices for Teaching History: The Results of a Delphi Panel Survey. In: Theory & Research in Social Education, Jg. 42, Heft 2, S. 151–196.

Fried, Johannes 2013: Karl der Große. Gewalt und Glaube, C.H. Beck, München.

Gautschi, Peter 2009: Guter Geschichtsunterricht. Grundlagen, Erkenntnisse, Hinweise, Wochenschau, Schwalbach/Ts.

Gautschi, Peter 2015: Geschichte lehren. Lernwege und Lernsituationen für Jugendliche, Schulverlag plus, Bern.

Gautschi, Peter u.a. 2012: Guter Geschichtsunterricht – Prinzipien, in: Barricelli, Michele/Lücke, Martin (Hg.): Handbuch Praxis des Geschichtsunterrichts, Bd. 1, Wochenschau, Schwalbach/Ts., S. 326–348.

Georgi, Viola B. 2003: Entliehene Erinnerung: Geschichtsbilder junger Migranten in Deutschland, Hamburger Edition, Hamburg.

Glöckel, Hans 1973: Geschichtsunterricht. Didaktische Grundrisse, Julius Klinkhardt, Heilbrunn.

Glöckel, Hans 1977: Die Planbarkeit des Unterrichts. In: Hacker, Hartmut u.a. (Hg.): Zur Frage der Lehrplanung und Unterrichtsgestaltung. Lernpsychologische Grundlagen, pädagogische Perspektiven, Hermann Schroedel, Hannover, S. 13–36.

Gollin, Kristine/Nitsche, Martin 2019: Schreibprozesse in Geschichte. In: Waldis, Monika/Ziegler, Béatrice (Hg.): Forschungswerkstatt Geschichtsdidaktik 17. Beiträge zur Tagung „Geschichtsdidaktik empirisch 17“, Hep, Bern, S. 218–231.

Gropengießer, Harald (Hg.) 2006: Mit Aufgaben lernen. Unterricht und Material 5–10. Orientierung gewinnen, Wissen erarbeiten, Sicherheit erlangen, Probleme lösen, Klett, Seelze-Velber.

Grosch, Waldemar 2003: Schriftliche Quellen und Darstellungen. In: Günther-Arndt, Hilke (Hg.): Geschichts-Didaktik. Praxishandbuch für die Sekundarstufe I und II, Cornelsen, Berlin, S. 63–91.

Günther-Arndt, Hilke 2014: Methodik des Geschichtsunterrichts. In: Günther-Arndt, Hilke/Zülsdorf-Kersting, Meik (Hg.): Geschichts-Didaktik. Praxishandbuch für die Sekundarstufe I und II, 6. Aufl., Cornelsen, Berlin, S. 158–204.

Günther-Arndt, Hilke 2015: Ein neuer geschichtsdidaktischer Medienbegriff angesichts des digitalen Wandels? In: Pallaske, Christoph (Hg.): Medien machen Geschichte. Neue Anforderungen an den geschichtsdidaktischen Medienbegriff im digitalen Wandel, Logos, Berlin, S. 17–36.

Günther-Arndt, Hilke 2018: Historische Lernen und Wissenserwerb, in: Günther-Arndt, Hilke/Meik Zülsdorf-Kersting (Hg.): Geschichts-Didaktik. Praxishandbuch für die Sekundarstufe I und II, 8. Aufl., Cornelsen, Berlin, S. 24–49.

Günther-Arndt, Hilke 2020: Umrisse einer Geschichtsmethodik. In: Günther-Arndt, Hilke/Handro, Saskia (Hg.): Geschichts-Methodik. Handbuch für die Sekundarstufe I und II, 8. Aufl., Cornelsen, Berlin, S. 9–23.

Hamann, Christoph 2018: Fotographien im Geschichtsunterricht. Visual History als didaktisches Konzept, Wochenschau, Frankfurt/M.

Handro, Saskia 2018: Historische Erkenntnisverfahren. In: Günther-Arndt, Hilke/Handro, Saskia (Hg.): Geschichts-Methodik. Handbuch für die Sekundarstufe I und II, 6. Aufl., Cornelsen, Berlin, S. 24–43.

Hasselhorn, Marcus/Gold, Andreas 2017: Pädagogische Psychologie. Erfolgreiches Lernen und Lehren, 4. Aufl., Kohlhammer, Stuttgart.

Heese, Thorsten 2007: Vergangenheit „begreifen“. Die gegenständliche Quelle im Geschichtsunterricht, Wochenschau, Schwalbach/Ts.

Hegel, Georg Wilhelm Friedrich 1837: Vorlesungen über die Philosophie der Weltgeschichte I: Nachschriften zu dem Kolleg des Wintersemesters 1822/23. In: Georg Wilhelm Friedrich Hegel's Werke. Vollständige Ausgabe durch einen Verein von Freunden des Verewigten, Bd. 9, Duncker und Humblot, Berlin 1832–1845.

Heinrich, Antonia/Mierau, Peter 2012: Denn sie wussten nicht, was sie tun? In: Praxis Geschichte, Jg. 25, Heft 5, S. 18–22.

Hepp, Ralph 2010: Think – Pair – Share – Create. Ein für die Differenzierung unersetzliches Methoden-Werkzeug. In: Naturwissenschaften im Unterricht Physik, Jg. 21, Heft 117/118, S. 64–71.

Heuer, Christian 2011: Gütekriterien für kompetenzorientierte Lernaufgaben im Fach Geschichte. In: Geschichte in Wissenschaft und Unterricht, Jg. 62, Heft 7/8, S. 443–455.

Heuer, Christian 2021: Kompetenzorientierte Planungsmodelle für den Geschichtsunterricht. In: Weisseno, Georg/Ziegler, Béatrice (Hg.): Handbuch Geschichts- und Politikdidaktik, Springer, Wiesbaden.

Hodel, Jan u.a. 2013: Schülernarrationen als Ausdruck historischer Kompetenz. In: Zeitschrift für Didaktik der Gesellschaftswissenschaften, Jg. 4, Heft 2, S. 121–145.

Hoppe, Bernd/Glass, Hildrun (Hg.) 2011: Die Verfolgung und Ermordung der europäischen Juden durch das nationalsozialistische Deutschland 1933–1945, Bd. 7: Sowjetunion mit annektierten Gebieten I, Oldenbourg, München.

Hug, Wolfgang 1985: Geschichtsunterricht in der Praxis der Sekundarstufe I. Befragungen, Analysen und Perspektiven, Moritz Diesterweg, Frankfurt/M.

Huhn, Jochen 1994: Geschichtsdidaktik, Böhlau, Köln.

Huizinga, Johan 1954: Über eine Definition des Begriffs „Geschichte“. In: Geschichte und Kultur. Gesammelte Aufsätze, hg. und eingeleitet von Kurt Köster, Kröner, Stuttgart.

Iordanou, Kalypso u.a. 2020: Examining My-Side Bias during and after Reading Controversial Historical Accounts. In: Metacognition and Learning, Jg. 15, Heft 3, S. 319–342.

Jäckel, Eberhardt/Weymar, Ernst (Hg.) 1975: Die Funktion der Geschichte in unserer Zeit, Klett, Stuttgart.

Jank, Werner/Meyer, Hilbert 2011: Didaktische Modelle, 10. Aufl., Cornelsen, Berlin.

Jeismann, Karl-Ernst 1974: Funktion der Didaktik der Geschichte. In: Jeismann, Karl-Ernst/Rohlfes, Joachim (Hg.): Geschichtsunterricht. Inhalte und Ziele, Klett, Stuttgart, S. 106–139.

Jeismann, Karl-Ernst 1978: Grundfragen des Geschichtsunterrichts. In: Behrmann, Günter u.a. (Hg.): Geschichte und Politik. Didaktische Grundlegung eines kooperativen Unterrichts, Schöningh, Paderborn, S. 76–107.

Jeismann, Karl-Ernst 2000: Geschichte und Bildung. Beiträge zur Geschichtsdidaktik und zur historischen Bildungsforschung, hg. von Wolfgang Jacobmeyer und Bernd Schönemann, Schöningh, Paderborn.

Jessen, Ralph 2008: Dimensionen. In: Budde, Gunilla u.a. (Hg.): Geschichte. Studium – Wissenschaft – Beruf, De Gruyter, Berlin, S. 102–120.

Keller, Lars 2009: Leistungsmessung und Beurteilung im GW-Unterricht. Von der W-Frage zum transparenten Testformat, Teil I. In: GW-Unterricht, Heft 114, S. 25–34.

Kipman, Ulrike 2018: Problemlösen. Begriff – Strategien – Einflussgrößen – Unterricht – (häusliche) Förderung, Springer, Wiesbaden.

Klafki, Wolfgang 1991: Neue Studien zur Bildungstheorie und Didaktik. Zeitgemäße Allgemeinbildung und kritisch-konstruktive Didaktik, Beltz, Weinheim.

Kleinhans, Bernd 2016: Filme im Geschichtsunterricht – Formate, Methoden, Ziele, Röhrig Universitätsverlag, St. Ingbert.

Kley, Andreas 2012: Globi, der Kolonialist? In: Schweizer Monat, Heft 1002, Dezember 2012/Januar 2013, S. 12.

Körber, Andreas 2007: Niveaus der Verfügung über einen Quellenbegriff. In: Körber, Andreas u.a. (Hg.): Kompetenzen historischen Denkens. Ein Strukturmodell als Beitrag zur Kompetenzorientierung in der Geschichtsdidaktik, Ars Una, Neuried, S. 546–562.

Körber, Andreas u.a. (Hg.) 2007: Kompetenzen historischen Denkens. Ein Strukturmodell als Beitrag zur Kompetenzorientierung in der Geschichtsdidaktik, Ars Una, Neuried.

Köster, Manuel 2013: Historisches Textverstehen. Rezeption und Identifikation in der multiethnischen Gesellschaft, LIT, Münster.

Köster, Manuel 2021: Aufgabenkultur im Geschichtsunterricht, Wochenschau, Frankfurt/M.

Köster, Manuel u.a. (Hg.) 2014: Researching History Education. International Perspectives and Disciplinary Traditions, Wochenschau, Schwalbach/Ts.

Köster, Manuel u.a. 2016: Aufgaben im Geschichtsunterricht. Typen, Gütekriterien und Konstruktionsprinzipien. In: Geschichte lernen, Jg. 29, Heft 174, S. 2–11.

Krammer, Reinhard/Ammerer, Heinrich (Hg.) 2006: Mit Bildern arbeiten. Historische Kompetenzen erwerben, Ars Una, Neuried.

Krause, Alfried 1968: Geschichtswissenschaft und Geschichtsbewußtsein. In: Zeitschrift für Geschichtswissenschaft, Heft 16, S. 1224–1226.

Kroll, Frank-Lothar 2013: Geburt der Moderne. Politik, Gesellschaft und Kultur vor dem Ersten Weltkrieg, be.bra, Berlin.

Kühberger, Christoph (Hg.) 2013: Geschichte denken. Zum Umgang mit Geschichte und Vergangenheit von Schüler*innen der Sekundarstufe I am Beispiel „Spielfilm". Empirische Befunde – Diagnostische Tools – Methodische Hinweise, Innsbruck, StudienVerlag.

Kühberger, Christoph 2009: Kompetenzorientiertes historisches und politisches Lernen. Methodische und didaktische Annäherungen für Geschichte, Sozialkunde und Politische Bildung, StudienVerlag, Innsbruck.

Kühberger, Christoph 2014: Leistungsfeststellung im Geschichtsunterricht. Diagnose, Bewertung, Beurteilung, Wochenschau, Schwalbach/Ts.

Kuhn, Bärbel 1992: Unterrichtsplanung. In: Bergmann, Klaus u.a. (Hg.): Handbuch der Geschichtsdidaktik, 4. Aufl., Klett, Seelze-Velber, S. 501–507.

Kultusministerkonferenz 2005: Einheitliche Prüfungsanforderungen in der Abiturprüfung Geschichte. Beschluss der Kultusministerkonferenz vom 1.12.1989 i. d. F. vom 10.2.2005; veröffentlicht unter: https://www.kmk.org/fileadmin/veroeffentlichungen_beschluesse/1989/1989_12_01-EPA-Geschichte.pdf [September 2022].

Langer-Plän, Martina 2003: Problem Quellenarbeit. Werkstattbericht aus einem empirischen Projekt. In: Geschichte in Wissenschaft und Unterricht, Heft 54, S. 319–336.

Lapp, Peter Joachim 1996: Wahlen und Wahlfälschungen in der DDR. In: Deutschland Archiv, Bd. 29, Heft 1, S. 92–99.

Lee, Peter u.a. 1997: „Just Another Emperor". Understanding Action in the Past. In: International Journal of Educational Research, Jg. 27, Heft 3, S. 233–244.

Lee, Peter/Ashby, Rosalyn 2000: Progression in Historical Understanding among Students Ages 7–14. In: Stearns, Peter N. u.a. (Hg.): Knowing, Teaching, and Learning History. National and International Perspectives, University Press, New York, S. 199–222.

Lee, Peter/Shemilt, Denis 2003: A Scaffold, Not a Cage. Progression and Progression Models in History. In: Teaching History, Heft 113, S. 13–23.

Leinhardt, Geaa/Young, Kathleen McCarthy 1996: Two Texts, Three Readers. Distance and Expertise in Reading History. In: Cognition and Instruction, Jg. 14, Heft 4, S. 441–486.

Litten, Katharina 2017: Wie planen Geschichtslehrkräfte ihren Unterricht? Eine empirische Untersuchung der Unterrichtsvorbereitung von Geschichtslehrpersonen an Gymnasien und Hauptschulen, Vandenhoeck & Ruprecht, Göttingen.

Loch, Werner/Wagner, Volker 1976: Stundenvorbereitung. Die Weimarer Republik in Unterrichtsbildern, Frankonius, Dornburg.

Logtenberg, Albert 2012: Questioning the Past. Student Questioning and Historical Reasoning, Diss., Universität Amsterdam, Amsterdam.

Löw, Andrea 2014: Widerstand und Selbstbehauptung von Juden im Nationalsozialismus. In: Aus Politik und Zeitgeschichte, Jg. 64, Heft 27, S. 25–30.

Lücke, Martin/Messerschmidt, Astrid 2020: Diversität als Machtkritik. Perspektiven für intersektionales Geschichtsbewusstsein. In: Barsch, Sebastian u.a. (Hg.): Handbuch Diversität im Geschichtsunterricht. Inklusive Geschichtsdidaktik, Wochenschau, Frankfurt/M., S. 54–70.

Martens, Matthias 2010: Implizites Wissen und kompetentes Handeln. Die empirische Rekonstruktion von Kompetenzen historischen Verstehens im Umgang mit Darstellungen von Geschichte, Vandenhoeck & Ruprecht, Göttingen.

Marti, Philipp/Schär, Bernhard C. 2015: Koloniale Interpretationsmuster in Schweizer Comics, in: Fenske, Uta u.a. (Hg.): Kolonialismus und Dekolonisation in nationalen Geschichtskulturen und Erinnerungspolitiken in Europa. Module für den Geschichtsunterricht. Peter Lang, Frankfurt/M., S. 255–264.

Martial, Ingbert von/Ladenthin, Volker 2002: Medien im Unterricht. Grundlagen und Praxis der Mediendidaktik, Schneider Hohengehren, Baltmannsweiler.

Mattes, Wolfgang 2011: Methoden für den Unterricht. Kompakte Übersichten für Lehrende und Lernende, Schöningh, Paderborn.

Mayer, Ulrich u.a. 2012: Themenbestimmung im Geschichtsunterricht der Sekundarstufen. In: Barricelli, Michele/Lücke, Martin (Hg.): Handbuch Praxis des Geschichtsunterrichts. Bd. 1, Wochenschau, Schwalbach/Ts., S. 378–404.

Merton, Robert K. 2012: Soziologische Theorie und soziale Struktur, De Gruyter, Berlin.

Mierwald, Marcel 2020: Historisches Argumentieren und epistemologische Überzeugungen. Eine Interventionsstudie zur Wirkung von Lernmaterialien im Schülerlabor, Springer, Wiesbaden.

Monte-Sano, Chauncey/De La Paz, Susan 2012: Using Writing Tasks to Elicit Adolescents' Historical Reasoning. In: Journal of Literacy Research, Jg. 44, Heft 3, S. 273–299.

Müller Sven/Torp, Cornelius (Hg.) 2008: Das Deutsche Kaiserreich in der Kontroverse, Vandenhoeck & Ruprecht, Göttingen.

Musenberg, Oliver u.a. (Hg.) 2021: Historische Bildung inklusiv. Zur Rekonstruktion, Vermittlung und Aneignung vielfältiger Vergangenheiten, Transcript, Bielefeld.

Niemetz, Gerold 1984: Unterrichtsplanung, -vorbereitung, Unterrichtsentwurf. In: Niemetz, Gerold (Hg.): Lexikon für den Geschichtsunterricht, Klett, Freiburg, S. 201–205.

Nietzsche, Friedrich 1874: Unzeitgemäße Betrachtungen, Stück 2: Vom Nutzen und Nachtheil der Historie für das Leben, E.W. Fritsch, Leipzig.

Nitsche, Martin 2010: Der Geschichtsfilm „Luther" im Unterricht – ein Beitrag zur Förderung eines reflektierten und (selbst-)reflexiven Geschichtsbewusstseins? – am Beispiel der 7. Klasse des Gymnasiums, Hausarbeit zur Zweiten Staatsprüfung gemäß § 19 LehVDVO M-V, Greifswald.

Nitsche, Martin 2017: Handelnde zur Zeit der NS-Verbrechen im Geschichtsunterricht thematisieren – virtuelle Impulse für den Conceptual Change nutzen. In: Geschichte für heute. Zeitschrift für historisch-politische Bildung, Jg. 9, Heft 1, S. 26–39.

Nitsche, Martin 2019: Beliefs von Geschichtslehrpersonen – eine Triangulationsstudie, Hep, Bern.

Nitsche, Martin u.a. 2017: Zur Konstruktion von offenen Testaufgaben für die Erfassung narrativer Kompetenz – Kriterienentwicklung und Studienvergleiche. In: Zeitschrift für Geschichtsdidaktik, Jg. 16, S. 236–249.

Nitsche, Martin u.a. 2020: Historisches Argumentieren mittels Schreibaufgaben zum europäischen Kolonialismus in Amerika fördern. In: Geschichte für heute. Zeitschrift für historisch-politische Bildung, Jg. 13, Heft 2, S. 21–48.

Nitsche, Martin/Waldis, Monika 2016: Narrative Kompetenz von Studierenden erfassen. Zur Annäherung an formative und summative Vorgehensweisen im Fach Geschichte. In: Zeitschrift für Didaktik der Gesellschaftswissenschaften, Jg. 7, Heft 1, S. 17–35.

Nokes, Jeffery D. 2017: Exploring Patterns of Historical Thinking through Eighth-Grade Students' Argumentative Writing. In: Journal of Writing Research, Jg. 8, Heft 3, S. 437–467.

Nokes, Jeffery D./De La Paz, Susan 2018: Writing and Argumentation in History education. In: Metzger, Scott Alan/Harris, Lauren McArthur (Hg.):

The Wiley International Handbook of History Teaching and Learning, Wiley-Blackwell, New York, S. 551–578.

Norden, Jörg van 2011: Was machst Du für Geschichten? Didaktik eines narrativen Konstruktivismus, Centaurus, Freiburg.

Norden, Jörg van, 2020: Quellen. In: Norden, Jörg van u.a. (Hg.): Geschichtsdidaktische Grundbegriffe. Ein Bilderbuch für Studium, Lehre und Beruf, Kallmeyer, Hannover, S. 110.

Norden, Jörg van/Must, Thomas 2020: Im Praxissemester historisches Denken lernen? In: Barsch, Sebastian/Plessow, Oliver (Hg.): Universitäre Praxisphasen im Fach Geschichte – Wege zu einer Verbesserung der Lehramtsausbildung?, LIT, Berlin, S. 195–218.

Oswalt, Vadim 2016: Planung von Unterrichtseinheiten. Wie man Geschichte (an)ordnen kann, Wochenschau, Schwalbach/Ts.

Oswalt, Vadim 2019: Karten als Quelle und Darstellung. Historische Karten und Geschichtskarten im Unterricht. Sekundarstufe I und II, Wochenschau, Frankfurt/M.

Paffrath Fritz u.a. 1979: Geschichtsunterricht konkret. Modelle für die Sekundarstufe I. Analyse – Planung – Bewertung. Klinkhardt, Regensburg.

Pandel, Hans-Jürgen 1987: Dimensionen des Geschichtsbewusstseins. Ein Versuch, seine Struktur für Empirie und Pragmatik diskutierbar zu machen. In: Geschichtsdidaktik, Jg. 2, Heft 12, S. 130–142.

Pandel, Hans-Jürgen 1997: Quellenarbeit, Quelleninterpretation. In: Bergmann, Klaus u.a. (Hg.): Handbuch der Geschichtsdidaktik, 5. Aufl., Klett, Seelze-Velber, S. 430–433.

Pandel, Hans-Jürgen 2002: Erzählen und Erzählakte. Neuere Entwicklungen in der didaktischen Erzähltheorie. In: Demantowsky, Marko/Schönemann, Bernd (Hg.): Neue geschichtsdidaktische Positionen, Projekt, Bochum, S. 39–55.

Pandel, Hans-Jürgen 2006: Quelleninterpretation. Die schriftliche Quelle im Geschichtsunterricht, 3. Aufl., Wochenschau, Schwalbach/Ts.

Pandel, Hans-Jürgen 2011: Artikulationsformen. In: Mayer, Ulrich u.a. (Hg.): Handbuch Methoden im Geschichtsunterricht, 3. Aufl., Wochenschau, Schwalbach/Ts, S. 577–594.

Pandel, Hans-Jürgen 2013: Geschichtsdidaktik. Eine Theorie für die Praxis, Wochenschau, Schwalbach/Ts.

Pandel, Hans-Jürgen 2014: Medien. In: Mayer, Ulrich u.a. (Hg.): Wörterbuch Geschichtsdidaktik, 3. Aufl., Schwalbach/Ts., S. 135–136.

Pandel, Hans-Jürgen u.a. (Hg.) 2021: Methodentraining für den Geschichtsunterricht, Wochenschau, Frankfurt/M.

Pauli, Christine/Reusser, Kurt 2003: Unterrichtsskripts im schweizerischen und im deutschen Mathematikunterricht. In: Unterrichtswissenschaft, Jg. 31, Heft 3, S. 238–272.

Peters, Jelko 2014: Geschichtsstunden planen, Röhrig Universitätsverlag, St. Ingbert.

Peters, Jelko 2016: Methodenlexikon für den Geschichtsunterricht, Röhrig Universitätsverlag, St. Ingbert.

Petko, Dominik 2019: Medien im Unterricht. In: Kiel, Ewald u.a. (Hg.): Handbuch Unterrichten an allgemeinbildenden Schulen, Julius Klinkhardt, Bad Heilbrunn, S. 249–256.

Preisinger, Alexander 2021: Digitale Spiele in der historisch-politischen Bildung, Wochenschau, Frankfurt/M.

Purtschert, Patricia 2012: „De Schorsch Gaggo reist uf Afrika“. Postkoloniale Konstellationen und diskursive Verschiebungen in Schweizer Kindergeschichten. In: Purtschert, Patricia u.a. (Hg.): Postkoloniale Schweiz. Formen und Folgen eines Kolonialismus ohne Kolonien, Transcript, Bielefeld, S. 89–116.

Rauh, Robert 2018: Geschichte kompetent unterrichten, Wochenschau, Frankfurt/M.

Reeken, Dietmar von 2010: Verlaufsformen. In: Günther-Arndt, Hilke (Hg.): Geschichts-Methodik. Handbuch für die Sekundarstufe I und II, 6. Aufl., Cornelsen, Berlin, S. 260–272.

Resch, Mario 2018: Aufgaben formulieren können. Entwicklung und Validierung eines Vignettentests zur Erfassung professioneller Kompetenz für historisches Lehren, Wochenschau, Frankfurt/M.

Rheinberg, Falko/Fries, Stefan 2018: Motivationstraining und Motivierung. In: Rost, Detlef H. u.a. (Hg.): Handwörterbuch Pädagogische Psychologie, 5. Aufl., Beltz, Weinheim, S. 569–574.

Richter, Hedwig 2020: Demokratie. Eine deutsche Affäre. Vom 18. Jahrhundert bis zur Gegenwart, C.H. Beck, München.

Rohlfes, Joachim 1974: Umrisse einer Didaktik der Geschichte, 3. Aufl., Vandenhoeck & Ruprecht, Göttingen.

Rohlfes, Joachim 2005: Geschichte und ihre Didaktik, 3. Aufl., Vandenhoeck & Ruprecht, Göttingen.

Roth, Heinrich 1971: Entwicklung und Erziehung. Grundlagen einer Entwicklungspädagogik, Bd. 2: Pädagogische Anthropologie, Hermann Schroedel, Hannover.

Rüsen, Jörn 1976: Für eine erneuerte Historik. Studien zur Theorie der Geschichtswissenschaft, Frommann Holzboog, Stuttgart.

Rüsen, Jörn 1992a: Geschichte als Wissenschaft. In: Bergmann, Klaus u.a. (Hg.): Handbuch der Geschichtsdidaktik, 4. Aufl., Klett, Seelze-Velber, S. 73.

Rüsen, Jörn 1992b: Gesetze, Erklärungen. In: Bergmann, Klaus u.a. (Hg.): Handbuch der Geschichtsdidaktik, 4. Aufl., Klett, Seelze-Velber, S. 140–146.

Rüsen, Jörn 2008a: Historische Orientierung. Über die Arbeit des Geschichtsbewusstseins, sich in der Zeit zurechtzufinden, 2. Aufl., Wochenschau, Schwalbach/Ts.

Rüsen, Jörn 2008b: Historisches Lernen. Grundlage und Paradigmen, Wochenschau, Schwalbach/Ts.

Sauer, Michael 2000: Bilder im Geschichtsunterricht. Typen Interpretationsmethoden Unterrichtsverfahren, Klett, Seelze-Velber.

Sauer, Michael 2013: Geschichte unterrichten. Eine Einführung in die Didaktik und Methodik, 11. Aufl., Klett, Seelze-Velber.

Sauer, Michael 2018: Historische Lieder, 3. Aufl., Klett, Stuttgart.

Sauer, Michael 2018: Textquellen im Geschichtsunterricht. Konzepte – Gattungen – Methoden, Klett, Seelze-Velber.

Scheller, Jan 2019: Rekonstruktion historischer Denkoperationen. Schüler/-innen und Studierende analysieren die zugrundeliegenden Intentionen und Orientierungsabsichten eines Plakats. In: Pflüger, Christine (Hg.): Die Komplexität des kompetenzorientierten Geschichtsunterrichts – Aktuelle geschichtsdidaktische Forschungen, Vandenhoeck & Ruprecht, Göttingen, S. 17–34.

Scheller, Jan 2020: Gegenstände und historisches Lernen. In: Buchsteiner, Martin/Must, Thomas (Hg.): Haptische Zugriffe auf Gegenstände – eine Chance für historisches Lernen? Fachwissenschaftliche, fachdidaktische und pädagogische Impulse, Waxmann, Münster, S. 65–80.

Schlegel, Wolfgang 1964: Geschichtsunterricht an der Volksschule, List, München.

Schmid, Hans-Dieter 1974: Verfahrensweisen im Geschichtsunterricht. In: Rohlfes, Joachim/Jeismann, Karl-Ernst (Hg.): Geschichtsunterricht. Inhalte und Ziele, Klett, Stuttgart, S. 53–64.

Schnakenberg, Ulrich 2011: Die Karikatur im Geschichtsunterricht, Wochenschau, Schwalbach/Ts.

Schneider, Gerhard 2011: Gelungene Einstiege. Voraussetzung für erfolgreiche Geschichtsstunden, 7. Aufl., Wochenschau, Schwalbach/Ts.

Schneider, Gerhard 2017: Das Plakat. In: Schneider, Gerhard/Pandel, Hans-Jürgen (Hg.): Handbuch Medien im Geschichtsunterricht, Wochenschau, Schwalbach/Ts., S. 291–348.

Schreiber, Waltraud 2007: Kompetenzbereich historische Fragekompetenzen. In: Körber, Andreas u.a. (Hg.): Kompetenzen historischen Denkens. Ein Strukturmodell als Beitrag zur Kompetenzorientierung in der Geschichtsdidaktik, Ars Una, Neuried, S. 155–193.

Schreiber, Waltraud/Ákossy, Katalin 2009: Zeitzeugengespräche führen und auswerten. Historische Kompetenzen schulen, Ars Una, Neuried.

Shell, Kurt L.: Demokratie, in: Görlitz, Alex (Hg.): Handlexikon zur Politikwissenschaft, Bd. 1, Rowohlt, Reinbek bei Hamburg 1973, S. 57–61.

Sieberkrob, Matthias/Lücke, Martin 2020: Sprachbildende Lernaufgaben im Geschichtsunterricht. In: Barsch, Sebastian u.a. (Hg.): Handbuch Diversität im Geschichtsunterricht, Wochenschau, Frankfurt/M., S. 424–439.

Sledright, Bruce A. van 2011: The Challenge of Rethinking History Education. On Practices, Theories and Policy, Wiley-Blackwell, New York.

Standop, Jutta/Jürgens, Eiko 2015: Unterrichtplanen, gestalten und evaluieren, Julius Klinkhardt, Bad Heilbrunn.

Stoel, Gerhard u.a. 2015: Teaching towards Historical Expertise. Developing a Pedagogy for Fostering Causal Reasoning in History. In: Journal of Curriculum Studies, Jg. 47, Heft 1, S. 49–76.

Süssmuth, Hans 1980: Geschichtsdidaktik, Vandenhoeck & Ruprecht, Göttingen.

Tanner, Jakob 2012, Historische Anthropologie, Version: 1.0, in: Docupedia-Zeitgeschichte, Version vom 3.1.2012, veröffentlicht unter: http://dx.doi.org/10.14765/zzf.dok.2.278.v1.

Thünemann, Holger 2010: Geschichtsunterricht ohne Geschichte? Überlegungen und empirische Befunde zu historischen Fragen im Geschichtsunterricht und im Schulgeschichtsbuch. In: Handro, Saskia/Schönemann, Bernd (Hg.): Geschichte und Sprache, LIT, Berlin, S. 49–59.

Thünemann, Holger 2013: Historische Lernaufgaben. Theoretische Überlegungen, empirische Befunde und forschungspragmatische Perspektiven. In: Zeitschrift für Geschichtsdidaktik, Jg. 12, S. 141–155.

Thünemann, Holger 2018: Unterrichtsplanung und Verlaufsformen. In: Günther-Arndt, Hilke/Handro, Saskia (Hg.): Geschichts-Methodik. Handbuch für die Sekundarstufe I und II, 6. Aufl., Cornelsen, Berlin, S. 257–268.

Uffelmann, Uwe 1990: Problemorientierter Geschichtsunterricht. Grundlegung und Konkretion, Neckar, Villingen-Schwenningen.

Uffelmann, Uwe 1998: Strukturbild und Erläuterung des Problemorientierten Geschichtsunterrichts. In: Praxis Geschichte, Heft 11, S. 4–7.

Völkel, Bärbel 2005: Handlungsorientierung im Geschichtsunterricht, Wochenschau, Schwalbach/Ts.

Völkel, Bärbel 2014: Wie kann man Geschichte lehren? Die Bedeutung des Konstruktivismus für die Geschichtsdidaktik, 3. Aufl., Wochenschau, Schwalbach/Ts.

Weber, Hermann: Geschichte der DDR, Tandem, München 1999.

Wehen, Britta 2018: Macht das (historischen) Sinn? Narrative Strukturen von Schülern vor und nach der De-Konstruktion eines geschichtlichen Spielfilms, Logos, Berlin.

Welzer, Harald 2005: Täter. Wie aus ganz normalen Menschen Massenmörder werden, S. Fischer, Frankfurt/M.

Wenzel, Birgit 2012: Aufgaben(kultur) und neue Prüfungsformen. In: Barricelli, Michele/Lücke, Martin (Hg.): Handbuch Praxis des Geschichtsunterrichts, Bd. 2, Wochenschau, Schwalbach/Ts., 2012, S. 23–36.

Wenzel, Birgit 2018a: Aufgaben im Geschichtsunterricht. In: Günther-Arndt, Hilke/Handro, Saskia (Hg.): Geschichts-Methodik. Handbuch für die Sekundarstufe I und II, 6. Aufl., Klett, Berlin, S. 75–83.

Wenzel, Birgit 2018b: Kreative und innovative Methoden. Geschichtsunterricht einmal anders, 4. Aufl., Wochenschau, Schwalbach/Ts.

Wineburg, Samuel S. 1991: Historical Problem Solving. A Study of the Cognitive Processes Used in the Evaluation of Documentary and Pictorial Evidence. In: Journal of Educational Psychology, Jg. 83, Heft 1, S. 73–87.

Wolf, Jörgen 2021: (Wie) Wirkt Lehrerbildung? Ein Beitrag zur geschichtsdidaktischen Kompetenz- und Lehrerbildungsforschung am Beispiel des Unterrichtsplanungswissens von angehenden Geschichtslehrerinnen und -lehrern. Diss., Ruhr-Universität Bochum, veröffentlicht unter: https://www.researchgate.net/publication/358662389 [September 2022].